EL LÍDER EXTRAÑO

Augusto Manzanal Ciancaglini

© Augusto Manzanal Ciancaglini, 2024

© De esta edición: Editores descabezados
Eolas & menoslobos

Director de la colección:
Héctor Escobar

Cubierta:
G. P. Deshayes, *Coquilles Fossilles des environs de Paris*,
Leloy del., Lith. de C. Constans T9 (pt. 18, 7)

Primera edición, abril de 2024

Diseño de la colección y composición: Martín Errand

Dep. Legal: Le. 157–2024

ISBN: 978–84–128485–1–9

Impreso en España — Printed in Spain

EL LÍDER EXTRAÑO

Augusto Manzanal Ciancaglini

ursa minor

A Isabella

Índice

AUGUSTUS MANZANALIUS AD MAGNIFICUM DUCTOR PLUMBEUS

Con el atrevimiento que implica rodar entre las palabras de quien fundó la práctica incomodidad, se le toma prestado la estructura de una dedicatoria para ir más allá, agradeciendo siempre por este y otros medios *all'Eccellentissimo Segretario della seconda cancelleria della Repubblica di Firenze* Niccolò di Bernardo dei Machiavelli.

Los que desean recibir atención por parte de un líder, le ofrecen la comodidad de la estrategia concreta, camino libre de fosos para recorrer apuntalado hacia el cargo, es decir, con lo que, según el juicio del expositor, más ha de agradarle.

Deseando, pues, presentarme ante Vuestra Magnificencia con algún testimonio de mi expectativa, no he encontrado entre mis pertenencias nada que me sea más apreciado que mi propio pensamiento, producto de un intento de convergencia entre la percepción atenta de la actualidad y un incesante estudio de la historia. Todo lo cual, luego de examinar y meditar durante bastante tiempo, he volcado en este breve volumen que os dirijo. Entiendo que, por causa del momento en el cual fue escrito, esta obra será en cierta manera indigna de Vuestra Magnificencia. De todas formas, confío en que sabréis aceptarla, considerando el mérito que implica sobreponerse a la cantidad de peligrosas limitaciones que palpitan aún en esta época.

No he adornado ni hinchado esta obra con cláusulas interminables, ni con palabras ampulosas y solemnes, aunque el lenguaje ha sido retorcido para exprimir ideas. Simplemente he querido que solo la variedad de la materia y la gravedad del tema le honren. No deseo que se mire como presunción el que un hombre de humilde generación se atreva a examinar y vislumbrar el gobierno de los líderes venideros. Porque, así como aquellos que pintan un paisaje se colocan en la llanura para apreciar mejor la colina y, para apreciar mejor la llanura, escalan la colina; de la misma manera, para intentar conocer la naturaleza del futuro, hay que observarla desde el pasado, y viceversa.

Así pues, reciba Vuestra Magnificencia este modesto obsequio con el mismo ánimo con que yo os lo envío. Si lo lee y lo medita con atención, descubrirá en él una flemática intención: el de que Vuestra Magnificencia llegue a la colina que la evolución y sus virtudes le auguran. Y si Vuestra Magnificencia, desde los alrededores de la cúspide que no aspira alcanzar, vuelve alguna vez la vista hacia esta pretérita llanura, comprenderá la desmedida y constante adversidad de fortuna que la conservación ha soportado para desarrollarse.

PREFACIO

La magnitud histórica de la Alemania nazi y la Unión Soviética es útil para rebuscar entre algunas de sus radicales tendencias interrelacionadas y extraer con algo más de nitidez la figura del líder con sus contradicciones. Así entonces, en el recorrido por la galería de los dirigentes, los cuales estaban inmersos en un especial ambiente ideológico y metodológico para el desarrollo de estos regímenes, se desmolda una silueta simbólica bastante singular que conduce a calibrar una perspectiva más madura acerca del sentido de la experiencia totalitarista; de aquí puede surgir el análisis del liderazgo en otro nivel.

Una propuesta paradójica que va dejando atrás un análisis histórico y da vuelta aquellas voluntades hasta eclosionar en una aventura filosófica inesperada y políticamente enrevesada con el protagonismo del individuo, materia extraña aunque modelable para cualquier pensamiento ajeno tenaz.

PRIMERA PARTE
EL ANTÍDOTO

CAPÍTULO I
EL LÍDER EXTRAÑO
TOTALITARIO

«Nadie es profeta en su tierra», así supuestamente Jesucristo puso de manifiesto el desprecio recibido en la sinagoga de Nazaret; Alejandro Magno y sus herederos macedonios, Trajano, Napoleón y tantos otros le darían la razón, al menos para voltear positivamente algo de esa sentencia e inaugurar un debate: los profetas políticos son más audibles cuando son forasteros.

El material más útil para jugar con estos contrastes es aquel desde donde saldrá empapado el líder: entre la ideología y la cultura, presas accesibles por sus imprecisos intentos de construcción de la realidad social. El ciervo vencedor tiene que seguir cargando con sus astas.

Simultáneamente, los regímenes englobados dentro del totalitarismo han dejado experiencias históricas en donde su propia naturaleza extremista facilita la observación, ya que las intenciones de su acción política se volvieron obstinadamente evidentes. En esa pantalla aparecen las diferencias de los líderes con los liderados y con el espacio doctrinal que los envuelve.

El poder se proyecta por medio de esta dialéctica asimétrica y si el fermento conector arrastra exageración política, las descargas emocionales llegan al paroxismo. Cuando el revolucionario lo es en acto y en esencia, el símbolo vinculante crece lo suficiente como para eclipsar todo análisis crítico del destinatario. Entonces, el líder extraño se monta en su situación ajena y subversiva para retorcer el *pathos*, asegurándose doblemente la naturaleza carismática de su legitimación; ahí se vuelve tan poderoso al mismo ritmo que su proyecto político se hace más opresivo y radical. La distancia de este líder con el liderado es tan lejana como la de su ideología con su posible aplicación duradera. De esta manera, con una ficción espacial y temporal se sedimenta una receptividad legitimadora y hasta devota que a la postre recibirá el poder como subyugación total.

El ejercicio del «poder para» refuerza su «poder por»: la identidad se anuda con esta circulación, pues solo los iconoclastas se vuelven ídolos.

Erich Fromm ve pasar el insignificante individuo, por fin libre, escapando hacia la seguridad que le brinda el autoritarismo. Partiendo de esta base, se podría izar un boceto, en él se delinea una aceptación lateral y vertical dentro de un contorno específico que se apoya sobre la negación, sostén teórico atravesado por lo adverso. Con el tenue pulso de la docilidad se logrará un acabado impetuoso para formar una cruz.

El líder extraño ya tiene su campo de acción: si este proceso se marcara con una corriente eléctrica, en la parte superior de la cruz aparecería un estallido deslumbrante, el cual desciende, se propaga por las extremidades, baja hasta el pedestal con más fuerza y vuelve a subir para ser devuelto a su origen. Este es el recorrido de la quema de cruz. He aquí el soporte de un Estado microcéfalo (o más bien cabezón con pocas neuronas) listo para imponerse; un gobierno sin retroalimentación constante y nutritiva es un atleta idiota, un gigante que domina sus entrenados miembros, pero que golpea torpemente todo lo que lo rodea. En consecuencia, la figura del Estado totalitario que perdurará es la de un monstruo necio que descansa en una cruz a punto de derrumbarse: el fuego, tarde o temprano, terminará por incinerar la frágil base.

Es cierto que el totalitarismo es un concepto político difícil de alcanzar en la práctica, afirmar su plena existencia es una temeridad, pero sí se han dado dos regímenes con un importante peso global que con mayor o menor éxito han perseguido el control total de la sociedad. En este sentido, lo más impactante para abrir una brecha de entendimiento es revolver sus exponentes, es decir, acercarse a sus rostros dirigentes, manifiestos pero inasibles. Por lo tanto, cincelando la simplificación con un empeño indolente aunque tenaz, como el que reproduce famosas pinturas, se podrá remover los mismos códigos que exhalaban dichos rostros.

En esta galería descriptiva no se penetrará demasiado en los profundos combustibles históricos y psicológicos que posibilitan el destello de la cabecera de la cruz, sino en el descubrimiento de una de las causas del chispazo, o sea, la fricción que la disparidad provoca.

De este modo, la cruz se vuelve roja incandescente: la Unión Soviética ofrecerá líderes que los mismos teóricos marxistas reconocían como revolucionarios profesionales; intelectuales, burgueses o aristócratas muy alejados del campo y la fábrica. Por esta razón, Trotski encajó a los intelectuales como simples auxiliares en el proceso revolucionario que debía protagonizar el proletariado. No obstante, la procedencia humilde de muchos de los artífices del primer Estado socialista de la historia augura la imposibilidad de circunscribirlos completamente.

Hay una segunda característica que revitaliza al líder extraño, y en el caso soviético es más incongruente y enroscada: ante la propuesta internacionalista, la variedad del origen étnico estaba proporcionalmente más representada en la clase dirigente que en la población. Lo curioso es que bajo este mito reforzado hay un centralismo ruso que gira otra vez al líder extraño, cuyo reflejo cultural minoritario atraía a la mayoría rusa y calmaba a la periferia. En otras palabras, esta contradicción entre el proyecto ideológico y las características del líder es solamente una capa más del manto transparente que pretendía disimular la preponderancia rusa. Moscú era la fuente indiscutible desde donde los canales burocráticos derramaban poder y la rusificación eludía el discurso multiétnico oficial. Gran paradoja que lo único no tan ruso del proyecto soviético fuera su jefatura, lo cual demuestra que la desconexión simbólica del líder con su propuesta está supeditada a la idea de sí mismo que arroja; la concordancia entre ideología y autoridad en el caso de la dictadura del no ruso es una circunstancia colateral. El líder se erige por medio de su condición diferente y se robustece con una ficticia y casual confirmación ideológica que toma la forma de propaganda.

Por consiguiente, desde este punto étnico, pero arrastrando todo lo actitudinal, el líder extraño desnudará su compleja personalidad para llegar al segundo caso, en donde el más absoluto acoplamiento entre mito y política anhelará cauterizar la vergüenza: la cruz se achicharra y se vuelve gamada; la Alemania nazi recogerá todo el poderoso impulso del fanatismo que otorga el exótico gerifalte. Idea, acción y líder coinciden claramente en una desorbitada peculiaridad como nunca antes.

El nacionalismo más extremo se desparrama a través de nacionales cuando menos discutibles según su esencia proclamada. En realidad, los jerarcas nazis reflejan la típica impureza de toda sociedad. En su imaginado hipernacionalismo (un etnonacionalismo abotargado de biologismo) confrontado con su propia nacionalidad palpable ponen en duda la idea de nación como nunca antes, dicho de otra manera, la ideología más nacionalista de la historia, por su incoherente desarrollo y sus consecuencias funestas, ha funcionado como la mayor desvalorización del nacionalismo.

La disonancia hipnótica que han producido estos hechiceros de la raza se puede extender más allá de sus muertes, pero, aunque fascine el incumplimiento de todo compromiso ético o estético, de alguna forma, la experiencia nazi ha consumado una tarea pedagógica inigualable al plasmar los alcances de la irracionalidad racionalizada en la política.

Un barbudo de pequeñas gafas y manos impolutas esperaba fuera de la fábrica con octavillas ininteligibles y excitantes presagios para enrojecer el destino del exhausto obrero. Poco después, el promotor de la bestia rubia cojeó hasta una esquina con una desgastada partida de nacimiento extranjera en el bolsillo, sacó un peine para sosegar su azabache flequillo, se subió a un banco enclenque y escupió ante el auditorio su inaudito acento.

En la Unión Soviética y en la Alemania nazi, en esa esquina y en aquella fábrica, bajo una estremecedora bandera ensangrentada diseñada apresuradamente, el mayor vocero vociferante del vocerío se realiza como líder extraño; sobresalto brutal que espera ser encauzado simbólicamente como figura didáctica.

CAPÍTULO II
EL EXTRAÑO LÍDER SOVIÉTICO

Un fantasma recorre Europa, pero se pasa de largo e instala su sede en Eurasia: el *instrumentum vocale* emitirá su cascada voz en ruso, aunque se sintonizará mejor fuera que dentro. Los himnos a los himenópteros detonan por doquier.

La necesaria «lucha de clases» para la dictadura del proletariado en Rusia se salta una etapa hacia atrás y parte desde una clase opuesta. La emanación teórica marxista llegó a través del Grupo para la Emancipación del Trabajo, el cual estaba formado por intelectuales emigrados: nobles como Gueorgui Plejánov o Vera Zasúlich y judíos como Leo Deutsch o Pável Axelrod activarán los primeros motores de las inesperadas entrañas revolucionarias del atrasado Imperio ruso, el cual, precipitándose desde el territorio más desolado hacia la clase más abundante, ampliará globalmente su *stock* de súbditos. ¡Proletarios de todos los países, uníos bajo Moscú!

El callejón de los revolucionarios profesionales que el socialismo necesitaba va llevando hacia aquellos bolcheviques, quienes podrán desplegar su poder a través de esa ráfaga vital que significó su ascenso a las altas esferas del flamante Estado de los obreros, campesinos y soldados. Arena de los grandes nombres de la Revolución de Octubre, cuyo indiscutible conductor será Lenin, resonante apodo para Vladímir Ilich Uliánov, el hijo de un inspector escolar que había alcanzado la nobleza hereditaria. Los rasgos del más importante actor de la Revolución rusa confirmaban su ascendencia calmuca, un pueblo de etnia mongol, mientras que del lado materno le venía un menos aparente origen germánico, tanto alemán como sueco. He aquí el padre del Estado socialista, la encarnación de los derechos que los proletarios pedían en la iglesia ortodoxa: el mesías ya había llegado, era un culto abogado con raíces judías y protestantes, resultado de la mezcla de ennoblecidos con terratenientes. Su sucesor natural, prototipo de revolucionario soviético, era Lev Davidovich Bronstein, más conocido como León Trotski; este organizador del Ejército Rojo sin experiencia militar previa nació en Ucrania en el seno de una familia judía de terratenientes.

Los estudios universitarios que nutren la naturaleza intelectual de Trotski lo seccionan del contrincante que lo venció: Iósif Vissariónovich Dzhugashvili, o sea, Iósif Stalin, quien, entre paciencia e intrigas, se convirtió en un implacable dictador paranoico que, además de erigirse como el mayor referente del comunismo en el mundo, seguramente fue el líder más poderoso de la historia de Rusia. Stalin era georgiano y tenía otro apodo para su círculo más cercano: Koba, nombre sacado de una figura mítica de su país de nacimiento, pues leía y escribía poemas románticos cargados de patriotismo georgiano. El padrecito de los pueblos aprende ruso con clases particulares y nunca deja de leer en su lengua materna, la cual se traba insistentemente en su acento.

Así entonces, el seminarista que fue el terror de las iglesias, el maleante de pequeña localidad que guio al proletariado global, el georgiano dueño del destino del pueblo ruso, el ejecutor de la línea del socialismo en un solo país que se expandió como un zar, se embarcó en un gradual proceso de rusificación celebrado más con vino que con vodka: de patriota georgiano paso por el aparente apoyo a la autodeterminación y, siendo comisario del pueblo para asuntos nacionales, se despeño por una centralización rusa cada vez más chovinista e imperialista.

Sin duda, estas han sido las tres figuras más relevantes de la Revolución de Octubre y de los primeros años de la Unión Soviética, pero la lista de «viejos bolcheviques» continúa a través de otros semblantes muy sugestivos: dos de los más importantes fueron los intelectuales judíos Lev Kámenev, cuyo nombre real era Leo Rosenfeld, y el ucraniano Hirsch Apfelbaum, alias Grigori Zinóviev. También provenían de familias hebreas el periodista polaco Karol Sobelsohn, más conocido como Karl Berngárdovich Rádek, y el ucraniano Lázar Kaganóvich, quien fue el último superviviente de este grupo, pues milagrosamente sobrevivió a las purgas estalinistas. Asimismo, eran judíos tanto el autor intelectual como el material del magnicidio contra el zar, Yákov Sverdlov y Yákov Yurovski respectivamente. Igual que el chequista Moiséi Solomónovich Uritski, quien era hijo de comerciante y estudió leyes en Ucrania.

Profundizando en la lista de aquellos fundadores del régimen soviético, los intelectuales burgueses no paran de aparecer: el ucraniano Anatoli Lunacharski, el ingeniero y periodista Serguéi Kírov o el abogado ucraniano Dmitri

Kurski son prueba de ello. Algunos, como Lenin, eran de cuna noble; así fue en el caso de la aristócrata de origen ucraniano y finlandés Aleksándra Kolontái; del intelectual Nikolái Bujarin, hijo de un maestro y recaudador de impuestos ennoblecido; o de Mariya Spiridónova, nacida en el seno de una familia de la baja nobleza rural.

Etnia y clase se engarzan para alumbrar a otros tantos revolucionarios profesionales como el exseminarista armenio Anastás Mikoyán, el profesor con raíces estonias Martemyan Ryutin o Simon Arshaki Ter-Petrosian, quien era hijo de una georgiana y de un armenio rico.

Algunas familias de estos cuadros ofrecen ejemplos muy reveladores: Mijaíl Vladímirski, quien se graduó en la Facultad de Medicina de la Universidad de Berlín, era hijo de un sacerdote, mientras que Elena Stásova era hija de un jurista liberal, nieta de un arquitecto de dos zares y prima de un famoso crítico de arte. Por su parte, el ministro de Asuntos Exteriores, Viacheslav Mólotov, descendía de comerciantes. Entre tantos burgueses e intelectuales como Mijaíl Tomski o Víktor Noguín, o de ucranianos como Kliment Voroshílov y Matvéi Muránov, de repente, Mijaíl Kalinin, un ruso de origen campesino y con experiencia como obrero; su casi inigualable «pureza» lo hizo pasar desapercibido a ojos de Stalin como un adorno simbólico excepcional plasmado en una ciudad cuyo nombre sobrevivió; también Kaliningrado ha pasado inadvertida entre Stalingrado y Leningrado.

De aquí se desprende un subgrupo denominado oposición de izquierda, una facción dentro del Partido Comunista de la Unión Soviética encabezada por León Trotski, en la cual, además de figuras ya mencionadas como Rádek, se integraron nobles como el economista Valerian Obolenski, el abogado Gueorgui Opókov o Yevgueni Preobrazhenski, cuyo padre era un sacerdote ortodoxo. Para nutrir el prejuicio del bolchevique judío que se va a ir generalizando, también en este grupúsculo se observan varios miembros con este origen, ejemplo de eso lo representaron los ucranianos Yakov Drobnis y Mikhail Boguslavski, el periodista de familia de comerciantes Lev Sosnovskyi, el universitario nacido en Bielorrusia Nikolái Krestinski o Adolf Abrámovich Iofe, cuya pudiente familia le permitió estudiar medicina en el exterior.

Este bando se completa con otros extraños bolcheviques universitarios: el descendiente de comerciantes Andréi Búbnov, el ucraniano Gueorgui Piatakov, el letón Ívar Smilga, el intelectual de origen rumano y búlgaro Christian Rakovski o el medio polaco Víctor Serge, quien nació en Bruselas y era hijo de un oficial de la Guardia Imperial. Por último, la singularidad proletaria se materializa mediante el polaco Stanislav Kosior.

La pugna entre los apóstoles de Lenin se resolvió a favor de Stalin, pese a que las ejecuciones se rebasaban y volvían a juntar a los camaradas. Como sea, la corte de Stalin fue igualmente frondosa para el análisis: por supuesto se encontraba allí a compatriotas georgianos como el médico Sergó Ordzhonikidze, pero también a ucranianos como el exseminarista Grigori Petrovski, el ideólogo hijo de inspector escolar Andréi Zhdánov o el exmaestro de escuela judío Lev Mekhlis; la diversidad cultural del Politburó incluía a letones como Jānis Rudzutaks y hasta a un finlandés graduado en Historia llamado Otto Kuusinen.

Al camarada Stalin lo sostenían además el doctor en Economía Nikolái Voznesenski, el universitario hijo de oficinista Nikolái Bulganin y los nobles Valerián Kúibyshev y Gueorgui Malenkov. Este último, uno de los más poderosos, descendía de inmigrados de lo que hoy es Macedonia del Norte, cursó estudios universitarios y años después se haría cristiano. El sucesor de Stalin terminaría siendo el ruso-ucraniano Nikita Jrushchov, a pesar de que el ingeniero georgiano Lavrenti Beria, artífice de las purgas estalinistas, parecía al principio dar por hecho ser el heredero natural. En este punto, ambos personajes reflejan dos tendencias a estas alturas del Imperio soviético: por un lado, Jrushchov pudo ser el símbolo del intento de formar trabajadores como cuadros, por otro, Beria representó la cúspide del decisivo y variopinto ámbito de la seguridad en el régimen. La Checa había sido la primera policía secreta y tuvo como director al aristócrata polaco Félix Dzerzhinski; el mismo origen nacional y de clase tenía su sucesor: el abogado Viacheslav Menzhinski. Asimismo, algunos de los más reputados chequistas pequeños burgueses o periféricos fueron el polaco Joseph Stanislavovich Unshlikht, los judíos bielorrusos Abram Yakovlevich Belenky y Yákov Agránov o el letón Jēkabs Peterss. Posteriormente, la Checa pasó a llamarse OGPU y luego NKVD, pero la presencia «atípica» se mantenía y una rusificación tan artificial como gradual sería finalmente impulsada, pues en octubre de 1936 Beria notó que tenía a su cargo a solo cuarenta y dos rusos de los ciento diez agentes de alto rango.[1] De entre los dos desafortunados predecesores del georgiano comisario del Pueblo para Asuntos Internos brota un paradigma muy transparente en sus pretensiones: Nikolái Yezhov había nacido en Lituania, pero falseó su biografía para que constase que era de San Petersburgo. Del mismo modo, exageró su origen proletario. Yezhov había obtenido su cargo eliminando a su antecesor Guénrij Yagoda, un farmacéutico hijo de un joyero judío de Letonia.

Si se habla de seguridad del Estado habrá que mencionar al lugarteniente de Beria: el dramaturgo georgiano Vsevolod Merkulov, de origen noble y con estudios universitarios. También al organizador del «complot de los médicos» Mikhail Ryumin, quien provenía de una familia de kulaks, es decir, de terratenientes. De igual manera, es muy sugerente la figura del jefe de seguridad personal de Stalin: un exprisionero de guerra, austrohúngaro y judío, llamado Karl Pauker.

Además de por Molotov, la máscara diplomática de la Unión Soviética fue usa-

---

1   Rayfield, Donald (2003): *Stalin y los verdugos*, Barcelona: Taurus, p. 305.

da por Andréi Vyshinski, jurista polaco de familia aristócrata, y por Maksim Litvínov, nacido como Meir Henoch Mojszewicz Wallach-Finkelstein en una rica familia de banqueros judíos de la actual Polonia. El primero que detentó el cargo de comisario del Pueblo para Asuntos Exteriores había sido Gueorgui Chicherin, un intelectual de familia de alta alcurnia procedente de la nobleza italiana y alemana.

Otros jerarcas destacados de la primera etapa de la Unión Soviética fueron los primeros líderes del partido en Ucrania: el universitario Gueorgui Piatakov, hijo del dueño de una fábrica; Serafima Hopner, doctora en ciencias históricas nacida en el seno de una familia de pequeños comerciantes judíos; y el alemán doctor en ciencias económicas Emanuel Kviring.

El elenco de figuras anómalas de envergadura continúa casi de forma interminable con Solomón Lozovski, doctor en ciencias históricas e hijo de un rabino ucraniano; el doctor en economía de familia judía Grigori Sokólnikov, el kirguís de origen rumano Mijaíl Frunze o el ucraniano judío con estudios universitarios Yan Gamarnik. Igualmente, hasta la muerte de Stalin menos de la mitad de los mariscales de la Unión Soviética eran rusos de clase baja.[2]

Este es el líder soviético: cuanto más revolucionario y totalitario, más extraño. En su desarrollo, la muerte de Stalin podría funcionar como punto de inflexión; lo cierto es que Mijaíl Gorbachov, si bien tenía antepasados ucranianos, habría representado el primer y último máximo dirigente de la URSS ruso y de origen campesino, pues Konstantín Chernenko era de origen ucraniano, Yuri Andrópov tenía raíces nobles y germanas, mientras que Leonid Brézhnev era ucraniano. Tal vez Nikita Jrushchov también proyectó la imagen del comunista ideal, pero por lo menos la asignación étnica subjetiva no queda tan clara.

Como sea, el marxismo fue acumulando patrioterismo y se terminó propulsando mediante la gloriosa leyenda del pueblo ruso: la clase ya no alcanzaba para darle sentido al peso geopolítico del ensangrentado gigante. Los distintivos intelectuales, familiares o culturales se agitan, se fusionan y se procesan hasta hacer explosionar una calva o un mostacho

---

2   Sitchinava, Dmitri V. (2001): *Mariscales y almirantes de la flota de la Unión Soviética*, en: http://marshals.narod.ru/.

como síntesis manifiestamente diferenciadora de esa efigie única. De este modo, el ingeniero social soviético manejó las mayores palancas desde el más irregular vértice de la factoría de quimeras uniformadoras.

CAPÍTULO III
EL EXTRAÑO LÍDER NAZI

Desde el romántico caldo del nacionalismo alemán, los resabios más desmesurados se volcarán en un tóxico mejunje repleto de irrealizables anhelos imperialistas y fecunda laboriosidad marcial, contradicción inquieta hervida entre los propios límites infranqueables; su producto será el mito de la superioridad racial germana, el cual será recogido por un francés, Joseph Arthur de Gobineau, y por un inglés, Houston Stewart Chamberlain.

Este mito que impregnaba al nacionalismo alemán seguiría siendo refrescado por teóricos como Arthur Moeller van den Bruck o Paul de Lagarde, autóctonos ostentadores de apellidos foráneos.

El gran *Reich* alemán, un recurrente proyecto que siempre se quedaba entre la cohesión nacional incompleta y el imperio fallido, nacía esta vez sin emperador o colonizados: la pureza de un proyecto desde y hacia la nación era el aislado dominio desilusionado de ningún sueño. En esa acomplejada e infatigable fábula institucionalizada ya no hacía falta un Káiser, a pesar de que la parafernalia cesarista va a penetrar cada manifestación del operador de las invasiones bárbaras industrializadas: el Partido Nacionalsocialista Obrero Alemán; un sobrevenido grupo de frustrados matones tan orgullosos de su sigla desencajada como de sus rituales y símbolos latinos u orientales.

Lo cierto es que la aspiración esencial era el pueblo alemán como ideal radical e inalcanzable; realidad estática y dinámica sincrónicamente que en su discordancia nubla más el análisis de una población envuelta por la imagen fija de la voluntad.

En general, el *Deutsche* se presentaba como un hombre inmaculado que había eludido la artificialidad de sus vecinos para superarlos, técnicamente y moralmente, a través de su sangre, un elixir legendario que inexorablemente estaba destinado a regar la civilización hasta el ahogo.

Ahora bien, el nacionalismo en su diseño y construcción va intercalando infinidad de elementos atávicos y novedosos: una narración que recorta a un ser, quien circula culturalmente mediante una lengua común; cada nota del himno gramatical germánico puede ser entonado exclusivamente por un rostro familiar, el de un coro nebuloso que brama al unísono.

Así pues, este revoltijo de tribus entrelazadas durante siglos, según el nacionalismo que lo estructura, solo se expresa por medio de un pálido y rubio teutón, cuya frondosa y desbocada mata amarillenta ahora es podada y controlada; la escrupulosa barbarie organizada se refleja en esos prolijos cabellos dorados.

Este espécimen es caucásico, rubio, alto, con ojos claros, sano, fuerte, trabajador, masculino y por supuesto culturalmente y biológicamente alemán, es decir, ario germánico. El nacimiento en la *Vaterland* no parecería imprescindible, pero, de cualquier manera, sería un valor añadido para asegurar todos los requerimientos mencionados que hacen a la «germanidad», pues el nazismo bebe del concepto *Blut und Boden* (sangre y tierra). La sangre es lo más importante hasta que se pierde el cordón cultural que permite identificar. Por lo tanto, un nacionalista debe estar lo más empapado que pueda por la savia efervescente de la nación y eso solo se consigue manteniéndose cerca del punto de referencia.

Entrar en los engorrosos catálogos de germanización y sus instrumentos como el *Ahnenpass* (pasaporte de antepasados) podría difuminar más el proceso fundamental que simplifica la doctrina desde el nacionalismo cultural al racial. El protagonismo del *Lebensraum* y la *Deutsche Volksliste* (lista de gente alemana), en cuanto a la expansión hacia el este, complica aún más las categorías.

Delimitar el buen alemán, de acuerdo al nazismo, es básicamente sencillo, a pesar de los adornos de una burocracia tan caprichosa y retorcida como la del otro extremo de la clasificación de las razas, esto es, las peligrosas capas que se hundían hacia el judaísmo. Por lo cual, para salir de este sistema kafkiano, se simplificará lo que a efectos prácticos ya era simple: el alemán orientado a través de su nuevo uniforme nazi debía ser un producto puro en sangre, tierra y voluntad, o sea, en cuerpo, cultura y carácter.

De esta forma, lo físicamente tangible se revela por medio de lo anatómico, el espacio y en la conexión de ambos aspectos a través de la acción. Ahí se baten los méritos con la adscripción. Asimismo, este triángulo se duplica para reforzarse con el nacionalsocialismo: se entiende que la responsabilidad de ser alemán pasivo y activo se cumplía integralmente con un puesto en el partido y un empleo en el Estado, bifurcación que terminó siendo el mismo canal de la supuesta expresión de la raza.

Entonces, este es el terreno desde donde habrá que penetrar en la correspondencia de la narración nazi para medir, con algo parecido a su propia perspectiva, el nivel de pureza racial y doctrinal en la cúpula del Tercer Reich.

En lo más alto, el líder supremo del partido nazi, padre del régimen e indiscutible dictador: el *Führer* Adolf Hitler, quien nació y creció en Austria. Las especulaciones acerca de sus orígenes étnicos se han entremezclado hasta formar una pasta mitológica que fue absorbiendo otros matices de su existencia. Por consiguiente, desde el rumor del abuelo judío, pasando por su supuesta homosexualidad, hasta un rocambolesco escape de entre las ruinas de Berlín, el personaje ha inspirado muchas teorías y fantasías. Lo cierto es que no hace falta incrustarse en aquel enredo, ni generar uno nuevo, para despojar su figura de su ideología.

La nacionalidad es un capítulo más de la novela cultural, pero tiene algunos límites marcados por la lógica que las ideologías radicales en sus confines conceptuales han decidido traspasar con el sigilo de quien corre chillando con los ojos cerrados a través de las fieras, aun cuando la metáfora aquí contradiga la imagen inmediata que insta a intercambiar al de los ojos cerrados por las fieras.

El nazismo se embrolla dentro de sus mismos argumentos: no era lo mismo nacer en el Imperio austrohúngaro que en el *Reich* alemán; el voluntarismo pangermánico no alcanza a englobar lo políticamente separado por años, y la lengua común (con particularidades regionales) no es un engrudo suficiente. De todas formas, caer en una superficial simplificación es entrar en una enumeración infinita, esto es, apuntar por ejemplo el carácter multinacional, agrario y predominantemente católico de Austria en contraposición a la mayor homogeneidad étnica, el superior desarrollo industrial y el difundido protestantismo de Alemania. Las consideraciones acerca de si Austria y Alemania son una única nación son eternas tanto a favor como en contra, lo único seguro es que, al menos en términos administrativos, Hitler no nació oficialmente como alemán y no obtuvo la nacionalidad alemana hasta bien entrada su adultez; no por una casualidad histórica de puntuales corrimientos fronterizos, sino por la continuada independencia de Alemania y Austria. Se supone que, en mayor o menor medida, esta realidad habrá incubado alguna diferencia contextual.

Ahora bien, más allá de su nacimiento y crianza, se tendrá que encontrar las características típicas del alemán según la doctrina nacionalsocialista en su presencia. Ernst Hanfstaengl, un rico e influyente hijo de madre estadounidense que había sido uno de los principales colaboradores en los primeros años del ascenso de Hitler, lo describió como alguien con la insignificancia de un peluquero de los suburbios o un camarero de estación de tren. No solo las evidencias fenotípicas eludían al héroe ideal germánico, es decir, sus 173 centímetros de altura, su oscuro cabello y algunos exóticos rasgos faciales fueron menos criticados que su comportamiento por los viejos y «puros» alemanes. El *Führer* fue desde joven un bohemio que escapó de los trabajos formales para llevar una vida bastante errática, la cual exudaba una actitud muy poco metódica que algún día traspasaría al caos administrativo de su *Reich*.

Este trasnochador histrión y artista sin éxito nunca formó una familia, ni gozó de una salud fuerte como para triunfar en el ejército: solo llegó a ser cabo y recibió la Cruz de Hierro por la decisión de un superior de origen judío. Al no ser un vigoroso padre de familia teutónico, se podría esperar que hubiera sido estudioso. Sin embargo, no finalizó ni siquiera la escuela secundaria y sus lecturas eran tan anárquicas que solo le permitieron tener una cultura general bastante estática e insustancial.

Por lo tanto, no era un intelectual ni un gran general y su salud mental arroja una interminable lista de posibles diagnósticos: histeria, esquizofrenia, paranoia, sifilofobia o drogadicción. Haya sido un psicópata neurótico o un ciclán, Hitler, que murió con Parkinson, tuvo en diferentes proporciones a la cultura, la ley y su cuerpo como aparentes obstáculos en un trayecto presuntamente congruente. No obstante, todas esas contradicciones han sido las descargas que lo atiborraron de una inagotable voluntad para atravesar una dilatada incoherencia tan subterránea y ubicable como el búnker donde murió.

Bajando por la jerarquía aparece Rudolf Hess, el segundo cargo más alto del partido y quien era llamado a ser el sucesor de Hitler. Nació en Egipto en el seno de una familia con raíces cercanas en Bohemia, Suiza y tal vez Grecia. Aunque fue educado en una escuela alemana, creció en Alejandría y posteriormente estudió en Suiza.

Hess había sido uno de los fundadores del partido junto a Karl Haushofer, un personaje trascendental en el diseño geopolítico del futuro *Reich*, cuya mujer era de origen hebreo. Con todo, el carácter taciturno del lugarteniente del *Führer* fue desembocando en un descompasado comportamiento a medida que iba perdiendo influencia. Su extraño vuelo en solitario a Escocia durante la Segunda Guerra Mundial terminó de desacreditarlo e inauguró una larga y enajenada existencia en cautiverio que finalizaría con su suicidio.

Otro de los hombres principales del Tercer Reich fue Joseph Goebbels, el ministro de Propaganda: había sufrido una osteomielitis de niño que le provocó una cojera por el resto de su vida; con zapatos ortopédicos le fue imposible ingresar en el ejército. De nariz pronunciada, ojos oscuros, cabello negro y 165 centímetros de altura, Goebbels cosechó motes como el de enano venenoso.

De joven era un intelectual inseguro poco interesado en la política, el periodismo o el cine, que sentía cierta admiración por la cultura rusa. Sin embargo, su oportunismo lo fue acercando al nazismo.

Su vida fue un ejemplo de antisemitismo furioso que, al mismo tiempo, lo condujo a ser una especie de imán humano con personas de origen hebreo: su profesor preferido era judío, así como también el abogado de la familia, con el cual le gustaba departir. Asimismo, era judía Else Janke, el primer gran amor de su vida. Como colofón, su esposa, Magda Goebbels, la madre modelo del régimen y casi primera dama del *Reich*, era hija de un judío según el historiador Oliver Hilmes, quien habría descubierto este secreto en los archivos de Berlín. Goebbels escribió en su diario que su mujer había encontrado algo «horrible» relacionado con su biografía,[3] por lo cual, si esto era cierto, él lo sabía. De esta manera, «la familia aria ideal» pudo haber sido tan reversible como su viaje desde lo prolífico hasta el filicidio múltiple.

El símbolo de esta paradoja pegajosa y persistente se resume con otro símbolo: en 1935 el *Reichsminister* seleccionó a Hessy Levinsons Taft para representar al modelo de bebé ario; esta niña, que fue popularizada a través de una frenética impresión propagandística de su foto, era judía. Algo parecido sucedió

---

3   Müller, Enrique (2016): «Magda Goebbels, la madre modelo del Tercer Reich, era judía», *El País*, 22 de agosto de 2016.

con el mitad semita Werner Goldberg, cuya imagen fue usada en pósteres de reclutamiento para la *Wehrmacht* representando al soldado alemán ideal.

Además, Goebbels le ofreció hacerse cargo del estudio cinematográfico más importante de Alemania al director de cine Fritz Lang, judío por parte de madre; dejó la radio en manos del *SS* de ascendencia polaca Eugen Hadamovsky y puso todo el peso de la propaganda cinematográfica sobre los hombros de una mujer, Leni Riefenstahl. Arte que tuvo como figura más relevante a una sueca, Zarah Leander. Pero la lista de estrellas extranjeras promovidas por el ministro no se estanca ahí y surgen otros nombres como el de uno de los más importantes actores, el neerlandés Johannes Heesters o el de la actriz nacida en la actual Indonesia Ilse Werner, neerlandesa al igual que la madre de Goebbels.

Hermann Göring pudo ser el personaje equivalente a Mijaíl Kalinin para la Unión Soviética: una de las excepciones que confirma la regla o una tendencia más repetida de lo que se espera; era un héroe de guerra sin hojas intrusas en su árbol genealógico. Sin embargo, visto más de cerca, empieza a aparecer un adicto a la morfina, obeso, indisciplinado, vanidoso y cada vez más estrafalario en sus gustos. Los judíos fueron también significativos en su vida: el medio judío Hermann Ritter von Epenstein-Mauternburg era su padrino además del amante de su madre. Tras el fallido *Putsch* de Múnich, Göring, herido en la ingle, inicialmente encontró refugio y asistencia en la casa de un vendedor de muebles semita para después ser acogido por su rico padrino.

El segundo hombre del *Reich* parecía más interesado en llevar una lujosa vida colmada de placeres, sin perder de vista una ambición irrefrenable que lo iba atiborrando de títulos. El sucesor natural de Hitler estaba bastante más interesado en el progreso de Herman Göring que en la ejecución del programa del partido, pero para lo primero fue omnipresente en lo segundo: de la *Gestapo* a la economía y desde la solución final de la cuestión judía hasta la *Luftwaffe*. Si Hitler hubiera decidido convertir en salchichas a los prisioneros enemigos, él habría protestado rodeado por sus obras de arte con íntima resignación castrense, todo hasta que el *Führer* le ofreciera hacerse cargo de una fábrica de salchichas al tiempo que lo nombraba Gran Salchichero del Reich.

Luego de la caída en desgracia de las *SA* y de su comandante en jefe, uno de los primeros nazis y amigo de Hitler, Ernst Röhm, quien era homosexual, remontan vuelo las *Schutzstaffel*, las *SS*, organización destinada a aglutinar la vanguardia racial e ideológica del régimen: selección de los sujetos más representativos de la pureza germánica, semillero de los líderes venideros, así como responsables del exterminio de las razas inferiores y otros indeseables. En lo más alto del escalafón se encontraba Heinrich Himmler, quien portaba en su rostro la evidencia más sorprendente del desajuste de lo sensible y racional en la doctrina nazi: no hacía falta una observación muy minuciosa para confirmar los rasgos mongoloides del máximo guardián y promotor del hombre nórdico.

La formación del *Reichsführer-SS* comenzó con un estricto catolicismo que se fue entreverando con hinduismo y todo tipo de lecturas esotéricas. El revés que significó el no haber llegado a ser destinado al frente durante la Primera Guerra Mundial fue un ingrediente decisivo. Así, entre fragilidad física y superstición, se iba irguiendo el gran maestre del nuevo paganismo nacionalista; la reencarnación achinada de su admirado Enrique I el Pajarero, rey sajón que venció a eslavos y magiares en el siglo x. Himmler, un orientalista medio oriental que orientó su odio hacia el oriente;

por allí sale la refulgente impureza omnímoda que se debía cegar y segar.

Bajo las órdenes de Himmler destacaba otro rostro peculiar: Reinhard Heydrich, el paradigma de las *SS*, uno de los protagonistas principales del diseño de la solución final, esto es, el exterminio sistemático de los judíos de Europa. Siendo *Reichsprotektor* de Bohemia y Moravia fue asesinado, pues los descuidos en su propia seguridad flotaban por el hinchado temor que infundía a su alrededor. No obstante, «el hombre con el corazón de hierro» había forjado esa imagen desde una historia de debilidad física, un despido deshonroso de la Marina y sobre todo un rumor muy persistente. El supuesto origen judío de su padre, Bruno Heydrich, nunca ha sido confirmado, pero fue un flagelo recurrente y multifocal para el *Obergruppenführer*. El apellido Süß en su familia lo persiguió toda su vida; como si el judío Süß, villano de la película de propaganda, se hubiera encarnado en un inquietante pariente que lo acechaba. Tal vez por eso, Heydrich intentó ser el más nazi de los nazis, para escapar de ese espectro. Aunque se hubiera tratado como mínimo de murmuraciones montadas en un temor, queda la posibilidad latente de que el nazi ideal haya sido el más irreal.

Otro jerarca que recibió ataques acerca de su origen étnico fue Alfred Rosenberg, el más importante filósofo del nazismo, además de ministro del *Reich* para los Territorios Ocupados del Este. Su origen judío tampoco ha sido demostrado, pero algunas de las pruebas sobre su esencia extranjera son más evidentes, dado que nació en Tallin, actual capital de Estonia y en ese momento parte del Imperio ruso: pese a ser un germano del báltico, hay indicios de familiares cercanos con origen no alemán; al menos letón o francés. Rosenberg estudió en Riga y Moscú, y su primera mujer era estonia, es decir, se formó sumergido en la cultura eslava. Por historia personal o pragmatismo, su huida de sus orígenes no fue total como la de otros, por lo cual terminó siendo visto como «moderado» dentro del régimen, aun cuando su participación en los crímenes nazis fue primordial; la antipatía que producía entre los mismos nazis era la proyección de una mezcla de pedantería intelectual, incompetencia política, confusión discursiva y mansedumbre corporal. Uno de sus pocos amigos dentro del régimen era Arno Schickedanz, quien había nacido en Letonia y tenía una historia muy similar a la de Rosenberg, tanto en sus estudios en Rusia como en sus responsabilidades en política exterior para Alemania. Lo mismo vale para Georg Leibbrandt, un nazi que nació en Ucrania y se formó en parte en Estonia, o el Comisario General de Lituania Theodor Adrian von Renteln, nacido en Rusia y principal responsable del asesinato de los judíos lituanos.

El jefe de las Juventudes Hitlerianas, Baldur von Schirach, venía de un linaje paterno en parte sorbio, una tribu eslava, y su madre era una estadounidense de una familia anglosajona de varias generaciones en América; causa de que la lengua materna del *Reichsjugend-führer* fuera el inglés, único idioma que habló durante los primeros años de su infancia.

Del recorrido por los organismos estatales de la Alemania nazi van brotando otros casos muy ilustrativos: Walther Darré, ministro de Agricultura y director de la Oficina de Raza y Reasentamiento de las SS, fue uno de los teóricos del *Blut und Boden*. Nació y pasó buena parte de su infancia en Argentina; su padre era alemán con ascendencia francesa y su madre argentina de raíces escandinavas y teutonas. Este nazi austral de poca *Blut* y menos *Boden* murió a causa del alcoholismo. Herbert Backe, quien nació en Georgia y se estableció en Alemania en su adultez, lo reemplazó en el control de las riendas del ministerio.

La disonancia pulveriza los preceptos nazis como por ejemplo con un secretario de Estado en el Ministerio de Asuntos Exteriores de origen holandés, Gustav Adolf Steengracht von Moyland, pero también lo generalmente esperable en un cargo: Bernhard Rust, el ministro de Ciencia, Educación y Cultura, había sufrido una grave herida en la cabeza durante la Primera Guerra Mundial que tuvo evidentes consecuencias.

El ministro de Economía y posteriormente presidente del *Reichsbank*, Hjalmar Schacht, no era afiliado del Partido Nacionalsocialista Obrero Alemán ni antisemita. Parece increíble que una de las figuras más relevantes de la economía nazi fuera este francmasón medio danés tan crítico con el excesivo gasto militar y que solo en el ocaso del sistema fue internado en el campo de concentración de Dachau. Su sucesor en el Ministerio de Economía fue Walther Funk, un regordete que acumulaba muchas sospechas de ser homosexual. Achim Gercke, pieza clave del Ministerio del Interior en el ordenamiento racial, tuvo menos suerte y fue despedido por su orientación sexual.

Tampoco el ministro de Finanzas, Lutz Schwerin von Krosigk, era originariamente nazi y esperó casi un lustro en el cargo para afiliarse al partido. Casi exacta situación se ajusta a Konstantin von Neurath, ministro de Asuntos Exteriores hasta 1938, y al ministro de Justicia, Franz Gürtner. Algo parecido también sucedió con el ministro de Transporte, Julius Dorpmüller.

Albert Speer, ministro de Armamento y Producción de Guerra y arquitecto de Hitler, construyó desde los juicios de Núremberg la imagen del «nazi bueno». Aun siendo un oportunista muy astuto que supo mantenerse en el poder con pocos escrúpulos, adornó sus funciones *in situ* y con carácter retroactivo logrando un juicio general positivo, comenzando por Hitler. Si Adolf Eichmann representó la banalidad del mal en un burocrático plano inferior, Speer lo hizo en el nivel de lo político. El ministro no era un humanitario que intentaba mitigar la brutalidad irrigada desde la fuente en la cual él mismo flotaba, pero pudo ser un personaje ausente que se movió por las esferas más altas del Estado nazi como un discreto lagarto al ritmo del vals o un numen que se dejaba llevar. Examinando esa proyección de nazi vacío de todo contenido ideológico en carácter y convicción, emerge esa soledad infantil que solo sanaba su institutriz francesa y que en sus años postreros lo hacían Erich Fromm o Abba Geis, un superviviente del campo de concentración de Buchenwald.

Con todo, no solo resbalando hacia las penumbras burocráticas se facilitaba el aceitado engranaje que catapultaba a jefes llamativos: dentro del partido nazi circularon responsables muy irisados como Ernst Wilhelm Bohle, líder de la organización exterior del partido, que vino al mundo en Inglaterra y vivió en Sudáfrica hasta casi su adultez. Su tardío conocimiento de la madre patria germana recuerda al mártir nazi Max Erwin von Scheubner-Richter, quien nació en Letonia y solo pasó 5 años de su vida en Alemania.

Era generalizado el pasado comunista de buena parte de la jerarquía nacionalsocialista: los llamados «bistecs nazis» (rojos por dentro y pardos por fuera). Roland Freisler, el presidente del tribunal del pueblo, había sido tan ferviente en su fe comunista como en la humillación que esputaba a los opositores en sus juicios.

En referencia a lo ya dicho acerca de Hitler y Austria, había abundancia de altos cargos nacidos en ese país: el jefe de la *Gestapo*, Ernst Kaltenbrunner, o el comisario del *Reich* para los Países Bajos, Arthur Seyss-Inquart, eran los más conocidos. Incluso hubo suizos poderosos como el alcalde de la capital del *Reich*, Julius Lippert. Desde esta nacionalidad se cae a través del alto rango de helvéticos como Karl Jäger o Franz Riedweg a las sorprendentes características distintivas en la jerarquía de las *SS*, donde la pureza de la pureza parecería dificultar la filtración. Sin embargo, de ahí asoma el médico más importante del *Reich*: Leonardo Conti era un suizo étnicamente italiano que obtuvo la nacionalidad alemana a los 15 años y tuvo un papel protagónico en el programa de eugenesia Aktion T4.

Otros ejemplos son el general Odilo Globocnik, que nació en Italia de familia eslovena y húngara; el nacido en Tanzania, Julian Scherner; Erich von dem Bach-Zelewski, una mezcla de casciubo (eslavo) y polaco; el coronel austriaco y homosexual Emil Sembach o el famoso coronel de las *Waffen-SS*, mitad húngaro y mitad austriaco, Otto Skorzeny.

Los Sudetes, uno de los primeros reclamos nazis, ofrece la paradoja personificada de un nativo de ese territorio checo: el general Karl Hermann Frank reniega de esa patria mientras se casa con una checa eslava. Incluso el

Reichsstatthalter de estos territorios, Konrad Henlein, era medio checo.

Desde aquí se va bajando por los escalafones hacia *SS* de origen checo como Rolf Czurda o hasta francés como Klaus Barbie, el carnicero de Lyon. Y llamativamente muchos con origen polaco, solo hay que repasar los nombres de algunos comandantes de campos de concentración: Paul Radomski, Hermann Baranowski, Karl Chmielewski o Alexander Piorkowski.

De origen polaco era el *SS* Erich Kempka, el chófer principal de Hitler, pero el otro era Emil Maurice, quien era *Mischling*, es decir, un mestizo de alemán y judío según la clasificación nazi. Este *SS*, pareja de la sobrina de Hitler, no fue un caso aislado en el Tercer Reich: el mariscal de campo Erhard Milch, el general de la *Luftwaffe* Helmuth Wilberg o el general Johannes Zuckertort eran también *Mischlinge*.

En este punto, cabe aclarar que, aunque algunos miembros prominentes de las fuerzas armadas, como el pequeño almirante de origen mediterráneo Wilhelm Canaris, tuvieron un papel político importante, el desarrollo de sus carreras *a priori* por fuera del partido (menos de un tercio de los oficiales de alto rango eran miembros),[4] sin quitarles responsabilidad ni caer en el mito de la *Wehrmacht* limpia, los excluyó del armado del régimen y de la formulación de sus objetivos ideológicos. En otras palabras, los líderes militares estaban mucho más implicados en el desarrollo de la guerra que en el del Estado.

Dentro del partido nazi aparentemente hubo muchos con menos manchas, un ejemplo fue el cosmopolita Joachim von Ribbentrop, ministro de Asuntos Exteriores del Reich, aunque era una imitación ridícula de *gentleman* inglés según Albert Speer y el más torpe de sus yernos para su suegra. También Hans Frank, Gobernador General de los territorios polacos ocupados y ferviente cristiano en sus días de enjuiciado en Núremberg; o el alcohólico Robert Ley, jefe del Frente Laboral Alemán. Pero de entre todos los nazis «intachables» hay dos que crecieron juntos gracias a la sangre nutricia de la violencia política: Martin Bormann, el cancerbero de Hitler, y Rudolf Höss, comandante del campo de concentración de Auschwitz.

---

4   Evans, Richard (1989): *In Hitler's Shadow West German Historians and the Attempt to Escape the Nazi Past*, Nueva York: Pantheon, p. 59.

No podía haber pureza de la impureza en la figuración del nazismo porque hasta la narración se ha ensuciado y sin nazis integrales no manarían tan cómodamente las contradicciones que advierten por contraste. Todo cierra cuando ideales con rendijas tan estrechas son producto de la dehiscencia de emisores poco representativos. La matriz del líder extraño en la Alemania nazi estaba hecha de varios grados de comparación que integraba líderes, liderados e ideas: el desmesurado poder de un *Führer* se impulsaba a través de una disparidad que lo inflamaba directa e indirectamente; la particularidad, enviada con tal ímpetu hacia la recepción del alemán, rebotaba, volvía y así sucesivamente en un furor cada vez más ensanchado.

SEGUNDA PARTE
LA ROTACIÓN OCCIDENTAL

CAPÍTULO IV
UN LÍDER MÁS EXTRAÑO

El que osa elevarse por encima de la multitud y se sorprende con su propia originalidad aguza el vértigo si usa el resorte de la exaltación de lo ordinario: en ese trayecto quien queda por debajo se siente obnubilado por una singularidad recubierta. Dicho de otra manera, la distinción individual alcanzable queda comunicada por el cordón de lo común, puesto que este individuo remontado, si es peculiar y se conecta mediante un discurso identificable e inclusivo, embolsa seguidores con más facilidad para ampliar la potencia del muelle.

Entonces, el punto de partida de esta travesía es la desemejanza, por lo cual, si Hitler o alguno de sus apóstoles hubieran ido a aclamarse, se habrían decepcionado al verse.

La caótica voluntad de la masa es ajustada por unas pocas manos insólitas que la incrustan por un estrecho conducto hacia un destino universal. Esto pavimenta la posibilidad de que aquellos totalitarismos, cuya aspiración era englobar a toda una sociedad, fueran también una forma de dirigirse hacia el individuo, o sea, estructurar la desestructuración. Por seguir a un líder inalcanzable en su mismidad o por terminar entre los escombros de la devastación colectivista, tanto en su curso como en el destino final, el individuo personificó la salvación; a quien se persigue en lo ajeno y finalmente se encuentra en lo propio.

Así pues, el mayor extremismo grupal en teoría y método, con una intensa competencia en su ápice, habría sido también el arquetipo de un indirecto viaje del individuo: desde lo invisibilizado, a través de lo previsualizado encarnado en el líder, hasta la posibilidad de algo claramente visibilizado, por consiguiente, más civilizado. De este modo, también lo colectivo fue el túnel aparente por el cual marchaban enfrentados y entrecruzados líderes y liderados hasta aquella abertura que por fin desvela el uno. Si así fuera, el estalinismo y el nazismo han sido los caminos más retorcidos de escape del individuo atrapado en la limitante existencia del todo. El monismo como origen y trayecto está un paso por detrás del individualismo como conducción en el itinerario y encuentro en el derrumbe.

El uno salta sobre la envoltura gomosa del todo, la cual se cierra cada vez y se empequeñece ante el avance de lo externamente rechazado; en ese asfixiante entorno la totalidad reducida acerca a líder y liderado. El fin de un líder ahora menos distinguible estará próximo cuando alrededor los liderados se encuentren inmersos en un proceso inverso.

Aquí surge una realidad aún no señalada globalmente, pero sí sobrentendida incesantemente a través del recorrido de los altos cargos de los regímenes analizados: el conductor que va por este derrotero suele tener una vida más breve o más difícil de conservar; el líder extraño es también el líder efímero. Las purgas o las luchas de poder liman hasta angostar el sendero decorado por magnicidios o suicidios y dinamitado por revoluciones. Muros derribados, arriadas de banderas y desde Berghof, en los Alpes Bávaros, al *Führerbunker*: síntomas ilustrativos del hundimiento, del descenso irremediable de un pesado poder holístico. Aunque no se trata de un pulgar oponible hacia arriba o abajo, sino de uno imitando el corte de la yugular, pues en el tránsito hay más sinuosidad que altibajos.

Las guerras púnicas concibieron la eternidad de Roma junto a la del derrotado Aníbal: desde ahí retumban los nombres de Cleopatra, Espartaco o Jesucristo, vigente símbolo inigualable de la interminable lista de los fascinantes fracasados que desafiaron al anonimato canjeando su propia vida por una existencia abultada.

Más allá de los sistemas tratados, cuando confluyen de modo muy evidente algo parecido al líder extraño con el líder efímero, el mito se asegura. De esta forma, Ernesto Guevara queda grabado en cada tela al ritmo que Napoleón Bonaparte lo hace en el papel.

Sin embargo, el líder extraño no es necesariamente un gran hombre, sino simplemente un hombre raro, quien personifica la liberación del individuo elevado con todo el impulso del grupo: cuanto más identificable es, más devoción suscita para fundar la religión de lo particular, un culto al individuo que en el fondo es el monoteísmo de uno mismo.

Por lo tanto, el recorrido del individuo que se remonta hacia el liderazgo es el proceso de la individualidad trasladada armónicamente mediante una especie de oruga, locomoción de un alegórico carro imparable.

Este es un líder tan extraño como el sistema que dirige aplicando ideas extrañas cargadas de costumbre, lo cual significa el encumbramiento desesperado de una individualidad inicial remolcadora de otras tantas hasta el encuentro en lo efímero. Podría ser el auxiliar mágico de Fromm, pero la descarga de responsabilidad o la necesidad de apoyo conviven con aquella inspiración inaccesible. Las convicciones y la responsabilidad, más que escenificar la dicotomía señalada por Max Weber, desembocan en un entorchar que alumbra una intersección reiterada; raíz para que líderes y seguidores compartan un racionalismo abarrotado de sentimientos, cuyo destino se acerca parcialmente al aviso de Weber sobre el peligro de las decisiones políticas basadas en las conexiones emocionales.

La complejidad de las asimétricas relaciones se revela por medio de la destrucción física de este vector, la cual termina siendo el grandilocuente cierre final que le faltaba en la identificación: el vínculo que se nutría de lo común, llevado por lo distinto, finaliza con la muerte como vínculo que humaniza en lo común al mismo tiempo que anuncia una inmortalidad arrojada desde la distinción. Parte del arrastre individual puede continuar más allá de la muerte; la identificación mítica que proyecta eternidad no es más que la atrayente diferencia identificable que no para.

En este sentido, el apriete entre cercano y lejano funciona con la misma presión que los impulsos sádicos y masoquistas: este contraste muestra al individuo eyectado por su propia potencia como vanguardia que deja una estela muy difícil de sujetar, y ese vuelo inexorablemente terminará por hacerlo desplomarse hacia la binaria unicidad.

El carácter efímero del líder extraño es además producto del desgaste que implica el esfuerzo de la simulación constante, cuya expresión es un poder ejercido permanentemente como medio de merecimiento. Los teóricos de la política renacentista, avizorando, se convencieron de que cuando la simulación reemplaza a la disimulación en esa actividad nunca concreta que es gobernar, el trabajo es fatigoso y destinado al fracaso.

En resumidas cuentas, aunque todo este análisis no intenta encontrar una ley ni encajar en un molde preciso un ordenado registro de conceptos, se podrá desmenuzar una realidad histórica bastante puntual, dado que no hay muchos ejemplos de intentos de totalitarismo con el propósito de instaurar un régimen disruptivo en un Estado poderoso y expansionista, el cual fue completamente controlado y parasitado por un partido político robusto. Así pues, dentro de estos complejos eventos, no tan evidentes por la escasez comparativa, se hallan tendencias que conectan los elementos mencionados, o sea, la originalidad del sistema, la opresiva e integral actividad estatal, el carácter aglutinador de la ideología dominante y las características diferenciadoras de los líderes con respecto a buena parte de los otros elementos y de la población. Esta última, situación más manifiesta por la posición misma del dirigente. A simple vista, con mitos vinculantes, todos estos son componentes de un trenzado que presentaría una comunidad bien compacta para orgullo de Carl Schmitt. Con todo, se podrá retomar la conclusión más profunda alcanzada ahora desde una abstracción más cebada, la cual sugiere que, en parte, la existencia de la Unión Soviética y del Tercer Reich significó un conjunto de vías tortuosas y escabrosas hacia el individuo.

Mirando a trasluz el frasco donde nazis y comunistas se recogieron, el pánico es también un irrefrenable anhelo de poder ser, el cual es proyectado a través de la fuga hacia la masa; toda la contraproducente imposibilidad de asumir la contradictoria unicidad en su máxima expresión. Con usted: lo humano.

Entonces, si de todo aquel tumulto histórico, además del rotundo escarmiento, brota una potente intención individualista, simultáneamente nace la más aguda paradoja: la de una madre bipolar que, engendrando a los sistemas más negadores del individuo, indirectamente da vida al individuo empeñado en existir. Hanna Arendt se quedó perpleja viendo a existencialistas huir hacia aquellas fortalezas: Heidegger se encierra en el claustro del nazismo y Sartre busca refugio en la manifestación del marxismo, hasta atrancarse incluso en la huerta del maoísmo.

Estos regímenes, acondicionadores de calamitosos ambientes en donde Viktor Frankl también avistó el sentido, antes que demandas sociales o tribales, representaron el ahogado grito de un individuo acorralado por las posibilidades. Por origen y por destino, durante aquella inicial huida, el monismo quedó comprimido por la individualidad y el líder fue segregado como piloto de prueba en un vuelo suicida. De los restos de aquella explosión, entre las nubes, cada ciudadano debió recoger un poco de extrañeza para tomar el mando.

Por supuesto, uno de los rasgos más determinantes de la acción de aquel líder extraño se manifestó en la mayor eliminación del otro, sea este un colectivo sin rostro o un supuesto traidor reconocido, con democidios, mandando a matar y morir a soldados, fusilando opositores o aniquilando poblaciones enteras. Esto significa que la reducción frenética de personas es un condimento crucial en toda la evidente y feroz exageración emblemática de sus procedimientos y objetivos políticos, así como también de su intrínseca soledad. De esta suerte, adquiere su condición de alegoría viviente: extraño, efímero y exterminador; situaciones que supuestamente facilitan el recorte de su silueta exclusiva.

En referencia a un posible descuido del tratamiento del carácter colegiado en el liderazgo, es necesario aclarar que una perspectiva elitista funciona menos en los sistemas radicales aquí expuestos, pues también su aspecto revolucionario desarticula el concepto de clase política de Gaetano Mosca en su configuración. La novedad en su aparición erradica los circuitos hereditarios que se asentarían tanto en origen como en actuación. Aun siendo una minoría dominante, los jerarcas nazis y comunistas facilitaron la observación del líder extraño al presentarlo desnudo y aislado entre un pasado y un futuro vacíos. De cualquier modo, la agrupación de los lideres no es más que un eslabón de potencial importancia en un recorrido mucho más amplio, y, en todo caso, la contraposición de Mosca entre gobernantes y gobernados se enrosca en su propio entretejido.

Como sea, desde una perspectiva todavía más abarcadora para volver al punto, la historia de nazis y soviéticos es un objeto maleable con varios elementos extraíbles: el estudio de las causas y consecuencias se enturbia con el desfase contextual de imposibles análisis psicológicos retrospectivos, los cuales desembocan en un compungido bloqueo propenso a quedarse en el terreno seguro del ameno documental o la película conmovedora. La responsabilidad es asumible cuando se desprende de lo palpable, puesto que no se puede tapar con un velo lo que se deshace al tacto inmediatamente. Lenin o Hitler fueron líderes carismáticos que han devenido en monstruos míticos tan tangibles como los comunes caminantes que aparentaban ser al verlos venir. Solo estrujándolos es posible obtener todas las enseñanzas y la responsabilidad a la manera de la serpiente cuando entrega su veneno para el antídoto.

Con el suero de la madurez humana en mano, el líder de hoy logra secarse los ojos y, disipado el deslumbramiento de los brillos desenfocados de estrellas rojas o cruces gamadas, por fin descubre al líder extraño que había sido brutalmente arrojado. Asimismo, serpenteando, cuando se dirija hacia la vergüenza que le devuelve la imagen de un bigotillo o un mostacho, podrá recortárselo de una forma inédita.

La extrañeza se asienta en manera concreta, pero se diluye en sentido general. En tal caso, se fragua una doble pedagogía: la celeridad del líder extraño como dictador amenaza su captación, mientras que la demora del líder extraño emana desde la paciencia a un inmediato reconocimiento. De este modo, queda empotrado tanto en la memoria como en la previsión, bajo forma de advertencia y anuncio.

El líder está desnudo: el líder ya puede vestirse como quiera. Depositario de infinidad de intereses particulares, sintetiza el todo, pero ahora es capaz de hacer evidentes las contradicciones sin simplificarlas en un solo sentido.

Entonces, la vergüenza pedagógica que lleva a cuestas el líder maduro lo hace deambular aceptando que el hombre, la manada o el leviatán son diferentes medidas de licantropía para él. Así, el liber líder podrá limpiarse las rodillas descascaradas y los mofletes manchados sin la necesidad del colorido pañuelo de un padre. Este empapado personaje ya está en disposición de sentarse con otro líder extraño y existir.

El paradójico líder se vuelve cada vez más extraño en tanto el otro también lo hace. En esa reacomodación pluralista ya no puede acometer estos arriesgados saltos, dado que no hay suficiente suelo humano desindividualizado para tomar impulso: deberá usar otra plataforma de lanzamiento hacia un liderazgo extraño pero no exclusivo. De eso se trata, la cualidad de extraño se vuelve inversamente proporcional a la exclusividad. Un crecimiento paralelo que lo lleva por una ruta cada vez menos solitaria a medida que se vuelve más particular. El punto de apoyo y de ebullición para enderezar su rumbo ya no requiere saltos o trepas, sino una escalera de peldaños irregulares que propulsan diversamente. Solo así variará su ascenso a ningún sitio. De la masa al prójimo-ajeno como punto de apoyo y de giro hacia su flamante realidad: escalón y escalador de sí mismo; el líder extraño ha muerto, viva el líder extraño.

CAPÍTULO V
EL SENTIDO DEL
LÍDER EXTRAÑO

La historia traza un desequilibrio posterior al derrumbamiento de los dos grandes totalitarismos imposibles: finalizado el nazismo en la Segunda Guerra Mundial, en el caso alemán, al menos en su parte occidental desde casi el primer momento, emergió una democracia que se fue desarrollando según patrones realistas dentro de este último contexto histórico. Esto significa que en Alemania el individuo cobró cierta relevancia luego de siglos de retorcimiento tribal en torno a una nación que no terminaba de cuajar dentro de su propio ideal.

Ahora bien, en Rusia se ha pasado de aquella distopía colectivista a una atopía autocrática-oligárquica; una inercia nostálgica del socialismo hilada con la mayor crudeza capitalista bañada de conservadurismo social. En la exhibición del frágil nacionalismo que resume esta nueva época aparece en la cúspide un líder típico, tan carismático como cualquier persona que deambula por las calles de San Petersburgo: la prueba viviente de que el líder extraño nunca ha estado solo; el líder corriente, contraste simbólico imprescindible, tranquiliza dentro de las palpables aspiraciones sencillas. Un jefe generalmente menos efímero y no tan asesino, cuyo rostro es un espejo tan aterrador como reconfortante. Una contradicción que atora su reinado agarrotando todo a su paso: habitual preludio de una soporífera dinastía.

En este sentido, el careo del líder extraño con el líder corriente que ofrecieron los germanos, occidentales por los pelos, y los rusos, comisarios de la oriental distorsión de Occidente, significó una lección inigualable y tal vez irrepetible, pero con grados diferentes en relación a la cultura, aquel enjambre de acciones particulares acumuladas como réplicas que termina siendo descifrado como se puede, o sea, simplificándolo. En el caso ruso se complica todavía más su análisis: un país inmensamente atascado entre Oriente y Occidente; estrambótico si se lo mira desde el oeste e indescifrable desde el este.

Entonces, aun esquivando el famoso voluntarismo germano que ha tapizado con culpa y laboriosidad su crónica obstrucción geopolítica, el caso alemán se ajustaría más a las consecuencias esperables ante un líder extraño que se comportó como un Ícaro que se llevó consigo a toda una población.

Los dos grandes intentos de totalitarismo sucumbieron ante potencias individualistas, pero no exponen los mismos efectos lógicos de acuerdo con el ejemplo pedagógico representado por el líder extraño. Aquí brota la variable geocultural como elemento fundamental en la dinámica del líder extraño: aun transformándose en cosas diferentes tras sus fracasos imperialistas, estas dictaduras exorbitantes, con sus vuelos muy reconocibles y sus caídas rotundamente estrepitosas, han volcado la mayor parte de su valor didáctico hacia Occidente.

Adoptando la perspectiva más abstracta que sea posible, alejándose temporalmente y físicamente de aquel frenesí, se podrá suponer que el líder extraño explota fugazmente en poniente, cada vez más en poniente; un ocaso que ilumina, una atracción dilatada a nivel histórico, la cual se viene desaguando desde hace rato: de Grecia a Roma y luego a Florencia para ramificarse por Portugal, España, Holanda, Francia e Inglaterra hasta el lejano oeste, el centro de Occidente: Estados Unidos.

La lluvia provocada por la explosión sideral del líder extraño es empujada hacia el oeste por los vientos filosóficos resoplados desde el Egeo. Si el origen de aquel impulso se vuelve destino por la circulación, podría causar que un Occidente cada vez más occidental se vuelva oriental o finalmente engulla totalmente a Oriente. Como sea, el líder extraño es un ingrediente vital para que la órbita exagerada no se desborde.

Entonces, Occidente recibiría el vuelo del líder extraño como una constante presión giratoria contradictoria: teniendo en cuenta que el movimiento de rotación de la tierra es de oeste a este, desde una necesidad filosófica el sentido será el contrario (el núcleo interno de la tierra parecería que es la vanguardia de esto, según unos científicos orientales);[5] la perspectiva histórica del poder del individuo se derrama hacia el oeste, la occidentalización cada vez más pronunciada de Occidente encierra al mismo tiempo otro símbolo: lo paradójico de su esencia en cuanto a la naturaleza. El líder

---

5   Witze, Alexandra (2023): «Has Earth's inner core stopped its strange spin?», en: *Nature*, 2023. https://www.nature.com/articles/d41586-023-00167-1.

extraño en este caso simplemente ha servido para figurar el sentido occidental del individuo a la vez que su capacidad de ir en contra de las leyes de la física. Esta atávica aspiración hacia la eternidad individual por encima de todo, en cuanto a dificultades y sentido del trayecto, ya ha quedado plasmada desde que Ulises emprendió su regreso.

Con todo, en esta rotación occidental el eje de la tierra se disloca y sigue un circuito ininteligible, uno que yuxtapone influencia y transacciones, así se presenta el juego de las reacciones, en el cual el líder extraño funciona primero como una vacuna y luego como un rostro distinguible para Occidente. A Oriente, por su parte, le llegaría una dosis más pequeña y al revés, como una individualidad que se canalizará como antídoto para abrevar el sedativo reinado autoritario del líder corriente.

En un terreno geopolítico esto se traduce mediante mecanismos más complejos para el entendimiento instantáneo; la OTAN, la Unión Europea y sobre todo las alianzas con las que va tintando Washington producen una especie de magma volcado sin pulso que va pegoteando paralelamente los márgenes inmediatos, por un lado, políticamente y, por el otro, culturalmente, es decir, tecnológicamente y económicamente, una transmisión tan imprevisible como insoslayable. Dentro de este abstruso vertido bidireccional quedan japoneses o coreanos tallando como pueden la dulce viscosidad, al igual que una buena cantidad de eslavos: un plausible exponente de estas carambolas lo representa el país en donde quedó atravesada una ucronía: Ucrania, híbrido cuya mutación dolorida se estremece en su orientalidad mientras acaricia con las yemas de sus dedos a una inalcanzable Europa. Un presidente de este país, judío y rusófono, será el rostro más visible de aquel empeño.

De eso se trata el exasperante juego de réplicas de la rotación occidental, ese regalo gigante tan deslumbrante como poco confiable, el cual se desliza por el desfiladero del heroísmo singular para enclaustrarse entre colinas eternamente expansivas y después más allá, a través de los mares. Nuevos mundos, nuevas fronteras que no se perciben y un horizonte al cual no se debe llegar. He aquí el problema: la totalidad es incoherente con la incoherencia; Occidente no puede prescindir de Oriente. Articulación de las reacciones que lubrica la rotación a contracorriente cuyo rumbo es hacia el oeste que está en el centro. Si se estancara este flujo continuo de máxima quietud, el mundo se gangrenaría históricamente y filosóficamente.

Por todo esto, el líder extraño es bifronte y, aunque apunte hacia el oeste, representa un condimento más para el rodeo. Occidente circunvala Oriente para darse una entidad claramente contrastada, al tiempo que cuela lentamente su sustancia. Nutrición exponencial para todos los gajos, pues por medio de esta interacción se complejizan sus propios contenidos y dinámicas.

En definitiva, se puede resumir volviendo a la raíz con su presente como aval reforzado: Rusia, como respuesta al líder extraño, ha encontrado fácilmente al líder corriente en el Kremlin. Entretanto, Alemania responde al líder extraño de la Cancillería del Reich, no solo con políticos anodinos, sino también esparciendo semillas del líder extraño por la vía pública, aun cuando su levante bufa un poco más hacia el líder corriente.

Así pues, el líder extraño parte de un origen radical que alecciona acerca de su perjuicio político, al tiempo que invita al ejemplo pragmático de la identificación simbólica de la potencia individual, por lo cual representa el antídoto encarnado utilizado como otro aceite más para los engranajes de una rotación occidental cuya trayectoria no se replica.

La lectura de este proceso puede dejar perplejo en cuanto a lo abstracto y enrevesado de los impactos y reacciones que el líder extraño ha dejado como estela envolvente de sí mismo. Sin embargo, el líder extraño original es simplemente un pedagogo involuntario de individuos situados sobre el bamboleo indeterminado del poder sobre el mar, es decir, de Occidente. De eso se trata todo esto, de por fin centrar al líder extraño, no el desenfrenado, sino aquel que ha recogido, entre otras cosas, sus restos, los recicla y los rediseña deformándolos hasta la imposibilidad de copia; un almirante paciente pero incansable que se apropia de todo lo que puede para nutrir su complejidad inclasificable, capacidad que le permitirá continuar empujando el planeta hacia el oeste.

CAPÍTULO VI
EL LÍDER EXTRAÑO
DEL OESTE

Se vuelve al líder extraño del comienzo y desde allí se parte reforzado mediante una reflexión del prestigioso filósofo ruso Vladímir Soloviov: «La contraposición de las dos culturas, la oriental y la occidental, ya se dibujó nítidamente en el comienzo mismo de la historia de la humanidad. Mientras Oriente construía los fundamentos de su cultura sobre una obediencia incondicional del hombre a una fuerza suprema, a lo sobrenatural, en Occidente, por el contrario, el hombre dependía de su propio ingenio, que lo alentaba a acometer toda clase de empresas creadoras».[6] Es interesante que ciento veintidós años después de su muerte, en tiempos de la invasión rusa de Ucrania, el mayor propagandista osopardista[7]

---

6   Kapuscinski, Ryszard (2019): *El Imperio*, Barcelona: Anagrama, p. 230.

7   Manzanal Ciancaglini, Augusto (2022): «Osopardismo», *Diario de Ferrol,* 21 de marzo de 2022.

del Kremlin se llame Vladímir Solovyov. Más allá de que se puede admitir la inexistencia de fronteras tan tajantes como las bosquejadas por los tocayos rusos de cada costa temporal, todo producto rebasado desde el naciente es especialmente apetecible y otra prueba de ello la deja un accidental prisionero occidental en la Unión Soviética, cuya confrontación con su circunstancia reafirma una posición en el mundo: «¡Pero sus compañeros rusos en la desgracia es a él quien miran como si vieran a un loco! ¿Por qué te agitas?, le dicen. ¿Qué quieres conseguir? ¡Sufre y calla!».[8]

La imagen representa un ejemplo concreto que puede remitir al líder extraño occidental, a aquel ser por contraste ya anunciado. No obstante, este poliédrico individuo, para cada uno de sus rostros tallados en plomo, debe tener una equivalencia con forma de antagonista. Mismo proceso se desenvuelve en su propio seno, solo que ya no se trata de una contraposición, sino de una paradoja, esto es, el elemento natural del líder extraño. En ese ambiente es donde el líder extraño occidental se amplifica en sus múltiples posibilidades; se enfan-

---

8   Kapuscinski, Ryszard (2019): *El Imperio*, Barcelona: Anagrama, p. 229.

ga en un polícromo, escarpado, escurridizo y turbio ser, todo lo cual apuntala la navegable confusión, un denso mar colmado también por su propia necedad.

Ahora bien, se está ante un laberinto plúmbeo hacia dentro, lo cual significa que su destino se encuentra en el exterior, dado que enseña un terreno inclinado hacia la clave del líder extraño: Occidente jamás se alcanza, de ahí que la rotación occidental nunca finaliza y va más allá de Oriente y de sí mismo, o sea, que es un tránsito universalmente incompleto. Si recubre el escenario se pierde en el peligroso absoluto y dígase de paso que yendo demasiado rápido podría rebobinar la historia. Además queda claro que el avance gravita, no sobre una utopía como destino, sino alrededor del repliegue ante cada distopía

Sí, el trabajo del líder extraño es quirúrgico, lo cual no evidencia que mientras se mantiene aplomado y emplomado sea un plomazo, pues su dirección hacia el oeste en realidad se ejecuta con la ayuda de una plomada: lo occidental, en cuanto al individuo, es verticalidad y profundidad.

Con el decorado más claro, el líder extraño occidental se presenta en el debate del que debate con el que no debate. Quien tiene enfrente ya no dispone de rodillas para poder flexionarlas y sentarse, se trata del hijo de la unilateralidad, aquel que reclama multilateralidad sin siquiera considerar bilateralidad en sus entrañas. Como sea, no se ha subrayado bastante cuán fundamental es que Oriente esté lo más próximo posible para posibilitar el vital contraste.

Por su parte, el líder extraño occidental, ya en su abismal interior, es decir, en su debate, exhibe también al líder corriente y por detrás al líder extraño totalitario. Sin embargo, ambos aparecen bajo forma de un bruto deformado por la confusión que se expresa a través de una desavenencia simplona. Su mueca supone un valioso aviso siempre y cuando no se vuelva notificación. También con esta bestia hay que tener el pulso justo para no desmadrar el juego, por esta razón, esta quinta columna, más dórica que corintia, no puede dejar de ser resistible. Con el objeto de ilustrar la figurada maraña jugosa descrita, es útil recordar a un despeinado y germanófobo millonario, hijo de alemán y escocesa, casado con eslovena, enemigo de inmigrantes y adalid de todos aquellos deslocalizados infelices de origen germánico. Un razonamiento perezoso podría suponer que una fogata como cabello sobre la superpotencia histórica deslumbra e hipnotiza más peligrosamente que un punto negro entre boca y nariz de un crónico retador, pero lo cierto es que sencillamente ha interpretado al actualizado y provechoso bruto.

El bruto refresca por dentro el contorno del líder extraño occidental enfocando un antecedente potencialmente reflotable, hacina, por un lado, el recurrente rostro del líder corriente y, por el otro, la puntual mirada exasperada del individuo desamparado. Por lo pronto, acecha enredado en cordones sanitarios: en Francia una típica dinastía de rubias gárgolas porfiadas evacuan todas las frustraciones y en España resopla un molinillo morado por el desgarro de cada uno de los coloridos estandartes en sus rayos. Por su parte, el otrora teatro nazi desvela políticos homosexuales de ultraderecha y Países Bajos alza a un hijo de indonesia casado con húngara como el portavoz de los antiinmigrantes. En el medio de Europa, en la diminuta irrelevancia determinada, el pequeño líder corriente desmiente con su resistente mediocridad las teorías conspirativas que él mismo difunde, pues su némesis, un titiritero global, ni siquiera puede influir demasiado en esta aldea con acromegalia en la cual nació.

Así pues, el bruto vomita una bilis, vaporoso tósigo que reflecta de manera positiva las secreciones orientales de ayer y hoy, al tiempo que los amplios remanentes propios.

Su problema reside en la exigua creatividad en el aprovechamiento de la mentira, la cual se afianza como un mero amasijo pringoso que impide el paso de la reflexión y va amontonando la malograda desidia hasta la distinguida certeza acerca del complot universal, fortaleza inexpugnable de los misólogos. El drama para muchos es que la misología no sea mitología y la fantasía ya no inspire.

El hormiguero se mantiene dentro del frasco: la etiqueta y el sabroso sabor nublan la transparencia. El líder extraño occidental, a su vez, nace de esta vorágine, casi ahogado y enceguecido por el desconcierto, pero, satisfecho de verse en el reflejo por fuera, se pone a observar detenidamente el hormiguero e identifica a la hormiga reina, líder corriente que armoniza el montón. Luego de mirar cómo se aleja rodando aquel envase, se percata de que a su lado permanece expectante su deforme bruto, tan temible como instructivo en lo que respecta a su propio recuerdo, potencial destino por las debilidades actuales del líder extraño occidental. De todas formas, es incluso didáctico y entretenido con el balanceo de una bandera parda mientras regurgita efectistas proclamas en ambas direcciones, vaivén que lo atornilla hasta su tope.

El lubricante de la ilusión que consigue al rebuscar en el pasado no es suficiente, lo importa desde el Este cercano y se termina volviendo adicto. El bruto, en vez de aprovechar con pequeñas dosis bajo forma de antídoto este zumo oriental, no puede parar y termina como un toxicómano destruido por su incapacidad de reconocerse ante el espejo. Su imagen no rebota y mientras tanto abraza a cualquiera, a quien no conoce: entonces, lo arrastra hacia dentro, sin desmenuzarlo, entero, pesado e indigerible. Con todo, al bruto no le importa.

El líder extraño occidental se sacude todas aquellas sustancias inclasificables, ha nacido aprendido por el pasado y aprehendido por el futuro. De ese modo, comienza su paso sinuoso, yendo y viniendo con pies de plomo en un indescifrable tanteo: de repente, un pequeño salto, otro más amplio y luego otro paso cuidadoso; aquí está la escalera que no eleva, en realidad sus peldaños son durmientes multiformes, algunos casi imperceptibles. Dando tumbos más o menos controlados ha emprendido su *cursus honorum*, el cual se dirige hacia el oeste, esto es, adonde ya está, solo que ya sin silla vacía delante.

Despliega las velas y continúa manipulando la física filosóficamente, lo cual para su tranquilidad no es metafísica, sino una política realista a lo largo de un Antropoceno tan inevitable como circunstancial y, a pesar del científico ruso Vladímir Vernadski, no necesariamente con una noosfera como destino.

Continúa llevando en su mochila la confusión, la mediocridad, la mentira y el dolor, entre otras cosas: su caminata hacia el oeste requiere gran cantidad de instrumentos. Sin embargo, se va bajando del pueril patinete e intenta borrar sus tatuajes de estulticia, además tiene que estar atento, no puede dejar de mirar con el rabillo del ojo hacia atrás, o sea, al este, todo sin descuidar la tensa correa con la que lleva al bruto, quien le sigue reptando entre quejidos monótonos. Tiene la obligación de no dejarlo ir, no solo es aprovechable, sino que es un pariente y ya sabe cómo adiestrarlo, esta vez no hará daño ni se le escapará. No es a lo único que presta atención: se remolca desde el centro de un cuadrilátero, en cuyos cuatro rincones se asienta un adversario.

El cuadrado se vuelve rombo y gira sobre su propio eje. Así es la cabina con la cual traspasa el multicolor camino plagado de atractivos neones y sirenas tan escarlatas como irrefrenables. El plástico diseminado por doquier pavimenta y se derrite hasta la elasticidad occidental, en este afluente sintético que desprende gases narcóticos hace falta acometer un esfuerzo colosal para avanzar, hay que volver a ponerse de pie, *a strapiombo* y desde allí encauzarse sin encausarse por el desaguadero de su realismo, filtrándolo todo hasta el pragmatismo. En otras palabras, el líder extraño occidental busca nuevamente símbolos filosóficos con forma de significantes a fin de escurrir un más apto significado; no se trata de *anglorificar* mediante la propia lengua, sino de seleccionar el trazo más común en la actual redacción protagónica de la historia. Es hora de bautizar con algo tan infinito como el plomo disuelto en agua marina y devolver el préstamo: el líder extraño occidental ya tiene su nuevo y sencillo nombre, Leader, pero mejor, por practicidad y algo más, usted puede llamarlo simplemente Lead.

CAPÍTULO VII
LA SELECIÓN DEL
LÍDER EXTRAÑO

Lead se canaliza en todo este trayecto, el cual en el fondo no es más que la escenificación de un rotundo reposo, pues semejante vértigo es consecuencia de un cerco suculento que desde arriba brinda una enroscada imagen inmóvil en donde extraviarse. Por esta razón, para no dejar ninguna perspectiva sin estrenar, es imprescindible sumergirse en la galena y volver a quienes rodean a Lead con el objeto de entender sus relaciones. La labor de contrastar eficazmente a Lead, es decir, de ofrecerle un molde de calidad, requiere al mismo tiempo la propia contrastación de estos auxiliares entre ellos.

La historia se muestra como la mina principal en donde extraer la mena con perfil de líder corriente; lo más fácil de encontrar ayer y allí, logro bastante más preciado es la localización de esos pocos lideres extraños totalitarios, los cuales además darán fruto al percutirse mutuamente. Con el antecedente de la moción de censura de comunistas y nazis contra Franz von Papen, el carácter contranatural percibido de manera universalmente instantánea del Pacto Ribbentrop-Mólotov es la primera parte de un ensamble cuya cumbre se figurará en Stalingrado. Nunca el empeño de una bilateral aspiración a la totalidad había alcanzado tales parámetros cuantitativos en relación al intento de aniquilación mutua. Reciprocidad descrita por Albert Speer: «Como todo el mundo sabe, Hitler admiraba todo lo que odiaba o, para ser más exactos, solo odiaba lo que admiraba. Su odio era admiración táctica. Ahí estaban incluidos los judíos, Stalin y el comunismo».[9] El libro de Hitler, cuyo provisional título no nato «Cuatro años y medio de lucha contra la estupidez, las mentiras y la cobardía» habría enhebrado mejor el pelaje del contenido, proyecta el encaje integral desvelado por el *Reichsminister* Speer bajo forma de obsesión, además de representar un manual precursor de las venideras redes sociales: un descabellado tropel de frustración radicalizada deja de ser inocuo patetismo al volcarse en un recipiente que lo cristalice.

---

9   Speer, Albert (2008): *Diario de Spandau*. (21 de diciembre, 1946), Barcelona:Altaya, 2008, p. 39.

En este aspecto, la Segunda Guerra Mundial, para convertirse en el conflicto bélico más importante y destructivo de la historia, se sumergió totalmente en la totalidad, el envoltorio de la gran estrategia embolsó cada uno de los procedimientos y los objetivos: la *Totaler Krieg*, la guerra total por excelencia.

Uno de los rasgos esenciales del líder extraño totalitario se manifiesta a través de ese inalcanzable todo, la guerra emerge indefectiblemente como instrumento para la completa destrucción del otro, pues es inconcebible la existencia simultánea de dos tipos de líder extraño. La colectividad y el líder se funden en un monismo de extraño anverso: sin la desaparición ajena no aflora la plenitud total de la propia existencia, intento que se revela a través de una sucesión de acciones que se desbordan sobre quien las emprende por la falta de modelables topes exógenos.

El proyecto de existencia totalizante, más allá de su posterior aprovechamiento por parte de Lead, representa el despliegue infructuoso hacia un panteísmo que se desvanecería en la nebulosa de la búsqueda desesperada de la subjetividad; no solo se posiciona ante un par, sino que avanza hacia él atravesándolo y deformándose, pues ya no tendría nada con que delinear un rostro reconocible. Lo absoluto no proyecta sombra, el lapsus del islam lo ejemplifica: Dios no podría tener cara, puesto que una descontrolada hemorragia eterna jamás dispondría en su unicidad absoluta de un espejo.

Imaginarse una divinidad desesperada y desfigurada es uno de los tantos servicios de la religión, enseñanza dirigida a evitar lo absoluto.

Hallar en cada rincón la amenaza palpable para tantear el enemigo es el mayor acto de libertad. Sin embargo, tanto en la cresta como en la circulación del totalitarismo no se admite al distinto, quien paradójicamente impulsa cada uno de sus planes: ¿qué sería del totalitarismo sin sus víctimas?

El líder extraño totalitario no soporta nada extraño, todo lo cual es externo, esta es la más tangible realidad de su quehacer político: lo extraño elimina a través de lo corriente a lo extraño, el individuo destruye por medio de la masa al individuo.

Se comienza a vislumbrar al individuo por excelencia o más bien al representante del individuo con fisonomía de rival y semblante de minoría, esto es, de pequeño grupo fácilmente rastreable.

Entonces, este embajador del individuo, como si no fuera suficiente su insolencia, al mismo tiempo personifica una clase o una raza, su culpabilidad omnicomprensiva es una herencia del líder corriente. Cargará responsabilidades milenarias para desdoblarse como receptáculo del odio, con su enorme valor cualitativo y su poco alcance cuantitativo, la totalidad, reciclando lo corriente, ha encontrado el leitmotiv de la historia: el revolucionario de izquierda y el poderoso capitalista simultáneamente.

Es inevitable elegir al miembro del pueblo elegido: «Y pondré una separación entre mi pueblo y tu pueblo; mañana será esta señal».[10]

La colectividad individualizada con rostro extraño se engrandece empequeñeciéndose al expresar dignamente y tercamente que no pensaba dar al César lo que es del César ni a Dios lo que es de Dios: «No harás pacto con ellos ni con sus dioses»;[11] proceso inverso: nada por el todo. Para ser extraño hay que autoexcluirse, aunque aquello signifique componer tan-

---

10 *Vesamti fedut beyn ami uveyn ameja lemajar yih-yeh ha'ot hazeh. Shemot* – 8:19 Éxodo– Capítulo 8.

11 *Lo-tijrot lahem vele'eloheyhem berit.* 23:32 Éxodo– Capítulo 23.

tos personajes dolorosos, los cuales a su vez enriquecen su maleable identidad: el mejor actor de reparto para protagonizar siempre, sea como esclavo prófugo, traidor del hijo de Dios, rebelde nacionalista, avaro usurero, revolucionario comunista, financista inagotable, criador de pestes u organizador de las guerras. Ya aparece abiertamente el herrador de unos jinetes del apocalipsis que vuelven una y otra vez a la caballería expiatoria. Sí, el mejor recortador de figuras, comenzando por la suya, ya está aquí: un extraño se pasea con desparpajo ajeno al todo, se atreve a mirar de frente y decir no, yo soy otro, inexorablemente y eternamente, el Otro: «Y el Faraón le dijo: ¡Vete de mi presencia! ¡Guárdate de volver a ver mi rostro, porque el día en que vieres mi rostro, morirás!».[12] «Y Moisés respondió: Bien has dicho; no seguiré más viendo tu rostro».[13]

Elegido positivamente o negativamente por los aspirantes al todo, sean estos divinos o políticos, planta cara sufriendo: «Y él será un

---

[12] *Vayomer-lo Far'oh lej me'alay hishamer leja al-tosef re'ot panay ki beyom re'otja fanay tamut* 10:28 Éxodo – Shemot– Capítulo 10.

[13] *Vayomer Moshe ken dibarta lo-osif od re'ot paneyja* Exodo – Shemot– 10:29 Éxodo – Shemot – Capítulo 10.

hombre fiero: su mano contra todos, y (la) mano de todos contra él (...)».[14] El pueblo elegido, el extraño pueblo seleccionado (extravagante diría Schopenhauer), el líder extraño seleccionado.

Más allá de estas interacciones que configuran la escolta de Lead, si el líder extraño totalitario aporta simbólicamente y el líder corriente nutre al unísono por doble vía en tiempo y espacio, el líder extraño seleccionado será una pieza clave en la propia configuración de Lead, quien abrazará la eminente particularidad y paciencia que este obsequia.

La relación entre el líder extraño seleccionado y Lead ha vadeado la garganta de la historia como el castigo por *serefah*.[15] El contrato de la impagable reparación histórica se redacta sobre el reconocimiento, la distinción de distinguir: ambos son hijos del fratricidio, solo que Lead duplicó esta herencia para subrayar sus propios límites. Rómulo y Caín lamentándose no pueden parar.

---

14 *Vehú yihyéh pereh adam yado vakol veyad kol bo ve'al-peney chol-echav yishkon*-16:12 Bereshit – Génesis – Capítulo 16.

15 Tipo de pena de muerte del judaísmo que castigaba una serie de relaciones prohibidas y consistía en echar plomo fundido en la garganta.

El líder extraño seleccionado goza de un contexto más sosegado dentro de la tradicional demarcación en lo que respecta al bruto y al líder corriente, pero, por otro lado, ha generado un producto sustancial novedoso en relación a los variados focos que alumbran el trazo único de Lead.

El doble fratricidio occidental ha cuajado por inercia en la bifurcación crónica del rostro de Lead. Esta es la ecuación que lo demuestra: dos menos uno más dos menos uno no deja de dar como resultado dos, y una vez que se ha repetido continuará así consecutivamente, lo cual desemboca en una infinita aunque incompleta reafirmación del yo. Esta es una de las tantas paradojas que han engendrado a Lead. Ahora ha decidido superar esta ecuación prisionera de sí misma y comenzar con una división expansiva: uno sobre uno es igual a uno; la incipiente unicidad necesitaba ser tajante inmediatamente, el contraste surge por fuera automáticamente tarde o temprano. Hoy Remo no estaría condenado a muerte (más allá del desgaste por darle puntualmente impulso a la embarcación), dado que nunca termina de morir y el contraste se ha complejizado. Lead es libre por ser polifacético y queda claro que es uno, por lo tanto ya no tiene que borrar para inscribirse, al contrario que antes, la cualitativa libertad del ciudadano mama la cuantitativa ubre de la urbe, he aquí un individuo rico en pluralidad. Solo con más para elegir, se consigue ser seleccionado.

Lead ahora disfruta de la última pieza que le faltaba: el que expiaba a través del chivo y se terminó convirtiendo en un chivo expiatorio atrapado en un circuito de sacrificio endémico finalmente es una cabra exploratoria. Esta se une al antídoto del líder extraño totalitario y al bruto que respira en la nuca para anunciar entre gruñidos: «Respice post te! Hominem te esse memento!».[16] Una película plomiza o en color de una comitiva indispensable.

Roma justifica los caminos: los varios perfiles desembocan en el centro del rostro del futuro. Lead, al fin y al cabo como líder extraño, con tantos recursos posee la capacidad de asistir al duelo con el todo, pues el plural valor individual pesa más que una monolítica ubicuidad desolada. Asimismo, la pesadilla perpetua de no reflejarse exculpa a Dios por su ausencia.

---

16   «¡Mira tras de ti! Recuerda que eres un hombre».

Lead en el centro del cuadrilátero recibe la imagen consumida de sus errores desde cada ángulo, pero en su ubicación sigue observando lo que encontró el Cándido de Voltaire en una típica cena parisina: «Al principio mucho silencio, después rumor indistinto de palabras, después pullas insípidas, risotadas, noticias falsas, mala lógica, algo de política y mucho de murmuración».[17]

En el cuadrilátero, que es una cápsula, hay lugar para cualquier sustancia aprovechable, mientras no intoxique demasiado: los motores truenan y el retador se aproxima.

---

17 Voltaire. *Cándido, o El optimismo*. Barcelona: Ediciones Orbis, 1984, p. 81.

TERCERA PARTE
EL LÍDER MÁS EXTRAÑO
DE TODOS

CAPÍTULO VIII
DEL PRINCIPIO
DE CAVALLI-SFORZA
A LA LEY DE LEAD

No debe confundirse toda la ilustrativa imagen múltiple anteriormente descrita como fin, cuando es simplemente un complejo medio: Lead no forma parte de una comparsa, no dirige un club y mucho menos se atrevería a cargar sobre sus hombros la representación de una galaxia de comportamientos replicados parcialmente, esto es, la consecuencia generalizada y sintetizada de una supuesta evolución cultural.

Lo que Lead asume es el aprovechamiento de dos escenarios a manera de ensayo: por un lado, el contraste, el ejemplo que lo pule, y, por otro, la envoltura que se abolla hasta volverse vía. No hace flamear la bandera de Occidente, solo la clava en su barca por imperiosa lógica, puesto que la órbita occidental ha sido el derrotero más cómodo por ser justamente abierto y ondulante, es decir, sin grumos. Si hubiera querido ir por un canal recto y cerrado para coagularse en la consagración de la consanguinidad, se dejaría elegir por otra mano.

Por consiguiente, se promete a sí mismo que esta es la última bandera, pero no desplegada hacia un plan estructurado con una promesa de caducidad que le confiera legitimidad y cada vez más potencia, o sea, como la estrategia marxista con respecto al Estado: la dictadura del proletariado. El modo en que Lead se escudará con esta civilización concreta significa el más práctico molde de plomo global no universal. El pragmatismo sitúa al reciclaje por encima de lo descartable.

Entonces, ya consciente de estar libre de cualquier tentación de nación, puede desvelar hacia donde se dirige el referido ensayo. La circulación realista sin fin justifica los medios, lo aproxima a la sustancia fundamental y científica que da soporte a su presencia dinámica encharcada en las contradicciones de la paradoja universal y de las incongruencias propias. El siguiente medio, el cual no es solo cronológicamente posterior, sino también previo y paralelo, faculta para no avergonzarse por tanto dolor y mentira.

Los ligados medios se van trenzando realísticamente y dejan al arrepentimiento en un nivel inferior. El cúmulo de desastres humanos bochornosos ante hipotéticos científicos extraterrestres con esa abrumadora superioridad técnica emparejada con falta de entendimiento, tan típica de la ciencia ficción, parece muy lejano como para ampliar la bandera hasta el especismo. Con la civilización tiene suficiente tela cotejada en dirección a anudar tantos medios; esa serie de agridulces embustes que han solado su escape hacia algo parecido a la anhelada eternidad.

No cabe duda de que, lacerado por los círculos de este infierno, tuvo más suerte de no volverse lacedemonio que demonio: así cayó por la cloaca máxima al ensortijado Lacio.

Sin más preámbulos, ya asumido todo el viscoso barniz para explotar, es por fin plausible revelar un sapiente sostén que invierte la esencia de algunos de los medios previos, y por esta razón el concepto de raza humana será el de mayor utilidad: desde las dudas de Charles Darwin sobre la posibilidad de identificar caracteres raciales distintivos, pasando por el desinterés de un Claude Lévi-Strauss que consideraba este tema materia de la especulación filosófica y no de la antropología física ni de la etnología general, hasta lo tajante que se muestra la American Association of Physical

Anthropologists, el consistente consenso científico acerca de la inexistencia de razas humanas en sentido biológico es muy fecundo en relación a todo lo anteriormente dicho. En consecuencia, las razas se han ido difuminando en el análisis científico, pero también en el discurso político, por escasez empírica en el primero y por abundancia de opresión en el segundo.

El antropólogo Marvin Harris se ríe de las diferencias de cociente intelectual entre negros y blancos proponiendo, para aligerar el peso ambiental por sobre el genético, un estudio equilibrado y libre de prejuicios en el cual los niños intercambien familias, pero luego expone el inviable y ridículo proyecto: «Por supuesto, la extraordinaria situación de unos niños blancos educados en hogares negros constituiría una variable más a tener en cuenta. Además, los negros educados en hogares blancos seguirían experimentando los efectos de los prejuicios raciales fuera del hogar. Así pues, podría ser necesario idear alguna forma de cambiar el color de los niños para determinar los efectos de su raza en su CI (¿pintándoles la cara?)».[18] Al fin y al cabo,

---

18 Harris, Marvin (2011): *Nuestra especie*, Madrid: Alianza Editorial, p. 130.

la diferencia de rasgos o de color de piel se trata de eso, de una fina capa de pintura de la evolución, una adaptación superficial por causas climáticas.

Es en este punto donde aparece el antropólogo Luigi Luca Cavalli-Sforza como figura que da el golpe de gracia al concepto de raza humana: «Somos muy poco distintos. Acostumbrados a resaltar la diferencia entre piel blanca y piel negra, o entre las estructuras faciales, tendemos a creer que hay grandes diferencias entre europeos, africanos, asiáticos, etc. En realidad, los genes responsables de estas diferencias visibles son los que han cambiado en respuesta al clima».[19] Una respuesta genética proyectada sobre caracteres externos del cuerpo en una especie inquieta que se mezcla a través de imparables oleadas de migraciones, lo cual la vuelve inclasificable, esto es, se hace imposible definir claramente poblaciones humanas encajadas en unas características profundamente comunes.

En resumen, Cavalli-Sforza expresa nítidamente lo que aquí servirá para fundamentar y desarrollar filosóficamente de una manera

19   Cavalli-Sforza, Luigi Luca (1997): *Genes, pueblos y lenguas,* Barcelona: Crítica, p. 22.

menos velada una serie de ideas: «En casi todos los caracteres hereditarios observados vemos que las diferencias entre individuos son más importantes que las que se aprecian entre grupos raciales».[20] Verbigracia, un japonés es mucho más diferente de otro japonés, de lo que el «pueblo» japonés se diferencia del «pueblo» irlandés.

Es revelador que el antropólogo italiano se refiera a «grupos raciales», pues la inexistencia científica es independiente de la existencia imaginada (comunidades imaginadas diría Benedict Anderson), y aquí esta especie bastante homogénea genéticamente emana sus consecuentes culturas, intoxicadas de mitos lógicos, derramándose ya no solo verticalmente como los genes, sino también horizontalmente.

Lo cierto es que la imaginación como arma política puede ser extremadamente poderosa, los jóvenes del Mayo francés clamaban: «La imaginación al poder», como si esta no hubiera sido un omnipresente déspota a lo largo de la historia de la política. Antes de llegar al uso esencial de esta idea que otorga más peso a la

---

20   Cavalli-Sforza, Luigi Luca y Francesco (1999): *¿Quiénes somos? Historia de la diversidad humana*, Barcelona: Crítica, p. 246.

distinción individual por sobre la colectiva, es posible, dentro de la parcial utilidad para el individuo de todas las imaginaciones culturales con forma de mitos aglutinantes de doble filo, instrumentarla como una nueva arma en contra del racismo; el filo de la filosofía es un gladio punzante para allanar la calzada de la ciencia. No obstante, la ciencia solo puede ser una respuesta si se conecta con la consciencia, la pasión refutando la mentira es un perro enfurecido destrozando un espantapájaros mientras los cuervos se van posando tranquilamente alrededor para disfrutar del espectáculo. Como prueba de buena voluntad en cuanto a todo lo dicho acerca de Occidente, Lead en este punto citaría palabras que van resonando desde el antiguo moísmo chino y sobrevuelan con estupor sobre el más reciente maoísmo: «Al mostrar que ser insultado no significa perder el honor, podemos impedir que la gente pelee. La gente pelea porque se siente deshonrada por el insulto. Cuando descubra que ser insultado no significa perder el honor, dejará de pelear».[21] De este modo, se desactiva el racismo, serenamente vaciando el con-

---

21   Harris, Marvin (2011): *Nuestra especie*, Madrid: Alianza Editorial, p. 453.

tenido fantástico de una ideología ya de por sí vacua en sentido científico.

Quien desee utilizar esta herramienta que Cavalli-Sforza ha aguzado, ya la tiene a disposición sin excusas, en caso contrario puede elegir seguir enfangándose en la guerra de razas ofendiendo y ofendiéndose. Cada uno se responsabiliza por la utilidad de una u otra postura.

Ahora bien, tal como se auguraba al principio de este capítulo, es admisible ir más allá con dicha herramienta para continuar enderezando a Lead, quien eludirá mucho más aplomado a la enfermiza y estéril pureza hasta la coronación cultural del ventajoso polimorfismo, es decir, de la variedad genética. En cierta medida, la distinción individual depende de la suerte de gozar de progenitores distintos entre sí. Antes de llegar al doble fratricidio como origen cultural, por supuesto el germen biológico del individuo ya era dual.

Es natural seguir manteniendo las fachadas grupales por razones prácticas, pero eso no evita imbuirse de consciencia reconociendo que sobre la certeza colectivista es fácil hundirse y solo la especie representa tierra firme, puesto que, regada por esa idea de divinidad licuada carente de forma, fructificará con la misma falta de contraste inteligente, vasto campo fértil de libertad del individuo. El monocultivo a través de parcelas no tan valladas ofrece frutos realmente diversos. Por ese terreno pasa mejor esa cosechadora automática accionada por el Estado.

Lead, entendiendo este circuito, se da cuenta de que, por un lado, disfruta de la garantía de la ciencia para sentirse en su unidad plural ya un poco más seguro de su fundamental forma dinámica por sobre cualquier entidad o rejunte, o sea, se refleja y se encuentra; por otro lado, se reconcilia de manera pragmática con su historia y cultura, en esta ha utilizado la imaginación y la mentira como armadura de plomo, la cual a veces se ha asemejado más bien a una doncella de hierro. Sin embargo, no mira únicamente hacia atrás, sino también desde allí hacia su desarrollo y proyección como modelos a actualizar.

Sorteando la imposible solidaridad mecánica ha ido saliendo para revolotear en busca de algo, pero no exagera con sus ilusiones embelesadoras: ya dejando de ser solamente una *wasp*, logra evitar la caravana hacia el hormiguero sin por ello desviarse por románticos vuelos antófilos que se dirigen a un idealismo en flor o hasta el picotazo de la inmolación. Es un vuelo que lo ha hecho chocar una y otra vez contra aquel vidrio en donde se refleja su repulsiva naturaleza pegadiza. No obstante, en su intento desesperado podría finalmente lograr pasar por el hueco, preferentemente si aquel que intentaba atraparla desiste ante tan difícil tarea y abre un poco más la ventana. Así es la manera de proceder de una mosca; una torpe, pero ágil persecución de la libertad, aunque esta sea un medio para localizar desperdicio y saborearlo a cada paso (Jeff Goldblum, antes de desaprobar una ciencia retrógrada, había venerado a una aberrante tecnología). En la hormiga no hay margen de error, en cambio la mosca es en sí misma un lapsus alígero, por eso es identificable. La sombra del águila calva lo asegura.

Lead tenía los medios que las religiones y otras fábulas ofrecen, removiendo con filosofía dentro de una historia truculenta ha adquirido el último modelo del medio humano por excelencia, aquel que realmente consigue acreditar la especie designándola, esto es, la ciencia; la cual justifica la política y es justificada por ella.

Desde esa desdichada totalidad deformada, al fin comprensible en su ira y ocultamiento, como descomunal molde de existencia individual hasta la sustancia que la genética aporta, Lead es un conglomerado global de genes, mutaciones, ideas interpretadas y proyectos siempre inconclusos a reanudar; enmarañados y desencajados relatos repletos tanto de evidencias como de patrañas que obsequian el premio mayor: la exuberante unicidad.

En definitiva, Cavalli-Sforza deja este principio con la fuerza que ofrece la ciencia: las diferencias entre individuos son evidentemente mucho más contundentes que las que se aprecian entre conjuntos de personas descendientes de convivientes con adaptaciones contextuales, es decir, los grupos que han sido categorizados de múltiples maneras mediante el concepto de raza. Principio que explica el pasado, desagrega el presente y no deja ni siquiera una duda de cara al futuro: «La pureza de la raza es inexistente, imposible y totalmente indeseable».[22] Su importancia radica primero en su campo de estudio, pero se derrama hacia otros cauces del saber y desde su pedagogía sociopolítica se vuelca en este troquel filosófico que termina de definirse en la efigie de Lead y en su ley.

---

22   Cavalli-Sforza, Luigi Luca (1997): *Genes, pueblos y lenguas*. Barcelona: Crítica, p. 22.

Por lo tanto, los individuos, por ser más diferentes entre ellos que los grupos entre sí, multiplican a su vez su distinción con respecto a los colectivos, dado que estos están compuestos por individuos; la distancia entre unos y otros se basa en que la unicidad otorga la pluralidad a través de la colectividad, nexo por el cual se retroalimenta hacia una cada vez mayor singularidad, o sea, un circuito progresivo hacia la unicidad.

En suma, la ley de Lead no se sustenta solamente en el hecho de que la máxima disimilitud es entre uno y el enjambre en virtud de la mayor desemejanza entre los unos que entre los enjambres. La proliferación de la interconexión es el medio apropiado para la desconexión: a más complejidad por incremento de características, más se aleja el individuo del resto, pues aunque inicialmente intercambien elementos comunes, estos luego serán modificados por la interpretación. Paradójicamente, la tribu es el conducto más lógico para emanciparse de la tribu. De esta manera, la singladura cruza gran cantidad de grupos imaginados, instituciones instrumentales desperdigadas por el agrupamiento más amplio y sin confrontación, en consecuencia, sin forma y sin férreas fronteras: la especie.

Ahora bien, es aquí donde surge una abstracción difusa aunque tangible: la imperiosa articulación por parte del Estado. Su silueta se puede percibir ante la progresión del individuo; el juego que difumina los contornos se impulsa siempre sin llegar a toparse con el riesgo de aquella totalidad tan divina.

El potencial cortocircuito mental de cada una de las facciones liberales frente a la idea de cuán directamente proporcional es un Estado cada vez más robusto a la mayor libertad del individuo, no impedirá un tránsito escurridizo. En la formación de la capa de techo hasta los gases calientes en su acumulación tienden a escapar.

El Estado se vuelve más y más complejo en la medida en que con los individuos-ciudadanos sucede lo mismo. Con todo, esto no significa engrosar la burocracia, sino la capacidad de incrementar el servicio público de manera individualizada. Este es el desafío político, el de colaborar en la evolución y responder a sus consecuencias eficientemente. La tecnología y la implicación cívica han crecido en la Administración pública. No obstante, la clave se ha ido desarrollando en las peculiaridades de sus piezas: empresas estatales, participaciones empresariales de titularidad pública, organismos autónomos, órganos consultivos o agencias ejecutivas.

Si este multiforme Estado acelera su agilidad, incluso a través de más órganos desechables, se configurará como una constelación institucional que enciende y apaga luces ejecutivas con gradual frecuencia. En esta versatilidad que va al unísono del dinamismo individual, la ley se redacta con la tinta de la ciencia y así se desentumece lo judicial en torno a una justicia repleta de posibilidades dentro de un sólido derecho, lo relativo entubado por el realismo. De esta suerte, la evolución se expresa mediante el curso del bienestar, interés general acaramelado o malabarismo del conflicto de intereses, como mero atajo rebosante de desafiante malestar que va desde la individualidad superviviente hasta la individualidad transformada y así sucesivamente.

Si el Estado fomenta y contesta particularmente, su estructura se estira incesantemente, por lo cual precisa una contención por medio de dispares homólogos.

He aquí un potente Estado moderno que ha aprendido a invertir el poder de sus precursores: de la generalización totalizante a la singularidad indefinida y desde el imperialismo de fisonomía homogénea hacia la expansión de traza heterogénea.

Con el soporte del principio de Cavalli-Sforza, la ley de Lead formula que individuo más individuo es igual a más individuo, por tanto a más Estado.

CAPÍTULO IX
LEAD

Lead es el precursor que se redime de cada catástrofe de la historia, a lo largo de la misma ha observado como la sabiduría se fue formando en un recipiente gomoso de conocimiento y realismo práctico que se debía revolver, a veces con un revólver; a fin de cuentas, el Tío Sam se dedicaba al negocio de la carne.

Es la manera dinámica de lactar la conservación, para que esta automáticamente traiga el rédito de la cada vez mayor complejidad existencial.

Lead ha analizado el trayecto desde aquellas primitivas sociedades, plagadas de bandas con líderes de mínima autoridad sobre el resto, hasta la sagrada consolidación del príncipe, quien para mantenerse en el poder está dispuesto a hacer cualquier cosa. De este modo, logra medir algo hasta ahora casi invisible: la estela que deja el líder en su elevación. En los dos grandes proyectos de totalitarismo practicados en el siglo XX encuentra sus instrumentos, tan inmejorables como espantosos, y desde ahí se mete para dentro, sumergiéndose en la tubería hemisférica por donde tropieza con todos aquellos que lo trompican recortando su figura.

Se puede dar el lujo de encarrilar la falacia para entrenar a la ciencia durante su paulatino y fecundo triunfo: por eso también la brutalidad ha coloreado todo medio, incluso el medio ambiente, después de todo, a través de su cerusa veneciana, se contamina con cada pisada facial; pozos en calidad de vestíbulos hacia abismales cañerías que se desangran en desechos y derechos. Sin embargo, Lead, en el fondo, es un infante que busca llamar la atención; con paciente capricho espera la mano invidente de la selección, tal como expresaba algún embajador estadounidense en relación a su determinante influencia política en el país que lo hospedaba: «Nosotros no creamos las olas, solo nos dejamos llevar por ellas hasta la orilla»,[23] aun cuando se llegue acompañado de residuos.

---

23   Weiner, Tim (2007): *Legado de cenizas*. Barcelona: Penguin Random House Grupo Editorial S.A.U., p. 274.

Lead se hace a sí mismo, espejándose y contrastándose, en este juego de cristales y sombras: sus reflejos rebotan contra las fricciones entre sus confines hasta ir limando su forma, aunque en ciertos tramos sea la de un monstruo. Después de haber entendido el guion y pasearse por los bastidores, se emociona menos con el espectáculo, sin por ello dejar de seguir entreteniéndose con la trama; se entrega, puesto que gracias a haberse abrochado con ciencia, ya no teme y se apoltrona en la hipocresía. La inescrutable escena destella por fin en la evidente confusión retorcida y gelatinosa con la cual es posible enfundar el reversible guante del pragmatismo.

Lead se reconoce en su extrañeza constantemente voluble e inaccesible, la vía fluida y sin angustia por la que puede dejarse remolcar acarreando a través del involuntario deslizamiento de la selección.

El saber ha sido un dique desbordado por ignorancia neciamente drenada con la mentira: Lead se ha dado cuenta de que debía embarcarse en aquel dique inamovible y establecer flotas de una armada invencible con la cual dominar todos los mares. Desde allí, en la popa, tiene el tiempo para reflexionar bajando la mirada y, entre la mercadería flotante, verse en el agua; por debajo del reflejo de su expresión giocondesca intensificada por la mascadura del chicle y coronada con penacho encarnado, atisba una serie de cables sumergidos en poder y estulticia por los que galopan desesperados el conocimiento y la información. Lead, cada vez más único en virtud de lo ajeno, besa su anillo de ciencia política y política científica mientras va tirando de este enredo para liar todo a su paso. No tiene siete mares, siete flotas o siete días para hacerlo, sino, por delante y por detrás, un infinito afortunadamente imposible de confirmar. Destino manifiesto y origen camuflado de una capacidad básicamente individual: el poder, cuya naturaleza se asienta sobre la conservación; una pantalla cínica en la cual hace falta negociar tapándose la nariz con la misma mano que se sostiene el *scutum*, pues la otra descansa en la cartuchera.

De esta forma, todos los caminos conducen al individuo, pero esta travesía científica y política, como imagen inmóvil de la instantaneidad, permite apreciar, si uno se aproxima un poco, el rostro sereno de Lead dentro de un vórtice cada vez más vertiginoso, en donde cincela la arandela más exacta para la capacidad prensil de la selección.

La vesania se ha untado a lo largo de este trajín, y también en cuanto a ello es importante la definición propia y ajena. La célebre frase de Obélix, un personaje de ficción, representa el origen histórico de tantos extrañados ante lo extraño: «Están locos estos romanos». Aquella sentencia, procedente de quien retrata la imperiosa necesidad imperial de preservar algún tipo de oposición por más minúscula que sea, se solidifica en la más tangible reflexión de un ocasional aliado del principal importador de plomo del mundo; el muyahidín afgano Ahmad Shah Masud aspiraba a gobernar y, ante las incompresibles decisiones de sus promotores, exclamó entre carcajadas: «Los americanos estáis locos».[24]

A manera de conclusión y resumiendo con otras palabras, no necesariamente más diáfanas en torno a semejante exposición desarrollada hasta aquí, Lead se mantiene firme como el Júpiter Estator, con la memorable fortaleza de Cicerón increpando a Catilina. De este modo, espera a la filosofía, cicerone que enseña el mayor evento de la historia: la simétrica aunque difusa relación entre ciencia y política.

------

24   Weiner, Tim, *op. cit.*, p. 497.

Por lo tanto, presta atención y va recopilando ideas a lo largo de esta ondulada incursión en la arena del circo: inicialmente ha observado la tendencia que se desprende de un régimen totalitario poderoso basado en una ideología radical; es allí cuando comienza su vivisección del líder extraño. La máxima intensificación de doctrina refractaria propulsa al fundamental actor de su sistema con tal fuerza por encima de los márgenes que deviene en emisario de la paradoja.

La desoladora lección evacua por la órbita occidental, la cual ya la había ensartado previamente, retorcido resbalamiento, aunque nada estrecho circuito, en donde encontrará una galería de esenciales personajes: los recortadores de su silueta. Por fin se vislumbra la enjundia; la ciencia que se manifiesta por medio del principio de Cavalli-Sforza, despejando dudas acerca de la existencia de las razas y elevando la impura singularidad del individuo como galardón filosófico para promulgar la ley de Lead, un edicto de plomo.

Lead se ha enfangado en todo este embrollo en pos de su propio liderazgo como rebote, el Estado sería el principal beneficiario de esta carambola, por ende, el individuo se sacude en su triunfo.

He aquí la definitiva presentación del protagonista: un indispensable y excepcional huérfano llamado Lead, yéndose a su hogar, que podría ser el entero planeta desde la isla de Alcatraz hasta la isla de la turquesa dama francesa, navega mecido por colosales nodrizas itálicas tales como Columbia o América, sin ambicionar la ardiente soledad de una hiperpotencia. Si fuera así no aprovecharía lo que tiene a su disposición para, en palabras de George Kennan, desarrollar «una fuerza de contraataque diestra y vigilante, desplegada sobre una serie de puntos geográficos y políticos de variabilidad constante».[25] En esencia, era cosa de matronas helenas: ¿Diké y Niké? sí, pero sobre todo Némesis.

Es fin de sus medios, pero, al ser inalcanzable, su única pureza es la que lo especifica como mediato de sí mismo, por esta razón los medios se disponen a lo largo de aquella escalera ya mencionada, aunque por fin se desvela más de su naturaleza; en realidad no se estructura en peldaños, ni siquiera en durmientes,

25   Kennan,George (1947): «The sources of soviet conduct», *Foreign Affairs*, julio de 1947, en Kagan, Robert (2003): *Poder y debilidad*, Madrid: Taurus, pp. 38–39.

sino a través de un dilatado teclado disonante para redactar la historia del mundo interpretando un solo inextinguible.

En ese escenario ha llegado la hora de la solemne coronación del líder más extraño de todos, quien napoleónicamente se coloca una pesadísima laureola de color pizarra o asfalto para perdurar en su evolución.

BIBLIOGRAFÍA

Bartov, Omer (1986): *El frente oriental, 1941-1945: las tropas alemanas y la barbarización de la guerra*, Nueva York: St. Martin's Press.

Cavalli-Sforza, Luca y Francesco (1999): *¿Quiénes somos? Historia de la diversidad humana*, Barcelona: Critica.

Cavalli-Sforza, Luigi Luca (1997): *Genes, pueblos y lenguas*, Barcelona: Crítica.

Corni, Gustavo (2011): *Hermann Göring*, Florencia: Giunti Editore.

Doblin, Ernest M. et Pohly, Claire (1945): «The Social Composition of the Nazi Leadership», en: *American Journal of Sociology*, vol. 51, pp. 42-49.

Evans, Richard J. (1989): *In Hitler's Shadow West German Historians and the Attempt to Escape the Nazi Past*, Nueva York: Pantheon.

Fitzpatrick, Sheila (2016): *El equipo de Stalin*, Barcelona: Planeta.

Fromm, Erich (2004): *El miedo a la libertad*, Barcelona: Paidós.

Gallego, Ferrán (2008): *Todos los hombres del Führer: La élite del nacionalismo (1919-1945)*, Barcelona: Random House Mondadori.

Gerwarth, Robert (2013): *Heydrich «El verdugo de Hitler»*, Madrid: La Esfera de los Libros.

Hanfstaengl, Ernst (1994): *Hitler: The Missing Years*, Nueva York: Arcade Publishing.

Hamann, Brigitte (1999): *Hitler's Vienna: A Dictator's Apprenticeship*, Londres: Oxford University Press.

Harris, Marvin (2011): *Nuestra especie*, Madrid: Alianza Editorial.

Hilberg, Raul (2005): *La destrucción de los judíos europeos*, Madrid: Ediciones Akal.

Himmler, Katrin y Wild, Michael (2014): *Himmler según la correspondencia con su esposa (1927-1945)*, Barcelona: Taurus.

Hutton, J. Bernard (2015): *Hess*, Madrid: Torres de Papel.

Kagan, Robert (2003): *Poder y debilidad*, Madrid: Taurus.

Kapuscinski, Ryszard (2019): *El Imperio*, Barcelona: Anagrama.

Kershaw, Ian (2008): *Hitler*, Barcelona: Península.

Kitchen, Martin (20177): *Speer. El arquitecto de Hitler*, Madrid: La Esfera de los Libros.

Lewin, Moshe (2017): *El siglo soviético: ¿Qué sucedió realmente en la Unión Soviética?*, Barcelona: Crítica.

Lozano, Álvaro (2011): *La Alemania nazi (1933-1945)*, Madrid: Marcial Pons.

Manvell, Roger y Fraenkel, Heinrich (1960): *Doctor Goebbels*, Barcelona: Roca Editorial.

Manvell, Roger y Fraenkel, Heinrich (2014): *Goering*, Barcelona: Roca Editorial.

Marie, Jean-Jacques (2009): *Trotski: revolucionario sin fronteras*, Buenos Aires: Fondo de Cultura Económica.

Müller, Enrique (2016): «Magda Goebbels, la madre modelo del Tercer Reich, era judía», *El País*, 22 de agosto de 2016. https://elpais.com/cultura/2016/08/22/actualidad/1471877435_600726.html.

Neumann, Franz (1967): *Behemoth: Structure and Practice of National Socialist*, Londres: Frank Cass.

Office of Strategic Services (OSS) (2007): *Who's Who in Nazi Germany The fourth edition of the OSS' confidential «Who's Who in Nazi Germany»*, Oxford: West Central District Office.

Payne, Robert (2015): *Stalin*, Madrid: Torres de Papel.

Rayfield, Donald (2003): *Stalin y los verdugos*, Barcelona: Taurus.

Rigg, Bryan Mark (2002): *Hitler's Jewish Soldiers: The Untold Story of Nazi Racial Laws and Men of Jewish Descent in the German Military*, University Press of Kansas.

Rosenberg, Alfred (2015): *Diarios 1934-1944*, México DF: Crítica.

Sebag Montefiore, Simon (2016): *La corte del zar rojo*, Barcelona: Crítica.

Service, Robert (2001): *Lenin: Una biografía*, Madrid: Siglo XXI.

—— (2010): *Trotski: Una biografía*, Barcelona: Ediciones B.

Sitchinava, Dmitri V. (2001-2004): *Mariscales y almirantes de la flota de la Unión Soviética*. http://marshals.narod.ru/

Snyder, Louis L. (1994): *Encyclopedia of the Third Reich*, Washington, DC: Marlowe & Co.

Speer, Albert (2008): *Diario de Spandau*, Barcelona: Ediciones Altaya.

Thacker, Toby (2010): *Joseph Goebbels. Vida y muerte*, Barcelona: Planeta.

Trevor-Roper, H. R. (2004): *Las conversaciones privadas de Hitler*, Barcelona: Crítica.

Voltaire (1984): *Cándido, o El optimismo*, Barcelona: Ediciones Orbis.

Weber, Max (2004): *El político y el científico*, Madrid: Alianza.

Wistrich, Robert S. (2002): *Who's who in Nazi Germany*, Londres: Routledge.

ESTA EDICIÓN DE EL LÍDER
EXTRAÑO DE AUGUSTO
MANZANAL CIANCAGLINI,
DUODÉCIMO TÍTULO
DE LA COLECCIÓN URSA
MINOR, DE LOS EDITORES
DESCABEZADOS, SE DIO
A IMPRENTA EN ABRIL DE
2024. VALE.